(:)

AGESILAS,
TRAGEDIE.

En Vers libres rimez.

Par P. CORNEILLE.

A ROVEN, Et se vend
A PARIS,

Chez GVILLAVME DE LVYNE, Libraire
Iuré, au Palais, en la Gallerie des
Merciers, à la Iustice.

M. DC. LXVI.
AVEC PRIVILEGE DV ROY.

AV LECTEVR.

IL ne faut que parcourir les vies d'Agésilas & de Lysander chez Plutarque, pour démesler ce qu'il y a d'historique dans cette Tragédie. La maniére dont je l'ay traitée n'a point d'éxemple parmy nos François, ny dans ces précieux restes de l'Antiquité qui sont venus jusqu'à nous, & c'est ce qui me l'a fait choisir. Les prémiers qui ont travaillé pour le Théatre ont travaillé sans éxemple, & ceux qui les ont suivi y ont fait voir quelques nouveautez de temps en temps. Nous n'avons pas moins de privilége. Aussi nostre Horace qui nous recommande tant la lecture des Poétes Grecs par ces paroles,

  Vos exemplaria Græca
Nocturna versate manu, versate diurna,
ne laisse pas de loüer hautement les Romains d'avoir osé quitter les traces de ces mesmes Grec, & pris d'autres routes.

  Nil intentatum nostri liquere poëtæ,
  Nec minimū meruére decus, vestigia Græca
  Ausi deserere.

Lurs régles sont bonnes, mais leur méthode n'est pas de nostre siécle, & qui s'attacheroit à *ne marcher que sur leurs pas, feroit sans doute peu de progrès, & divertiroit mal son Auditoire. On court à la vérité quelque risque de s'égarer, & mesme on s'égare assez souvent, quand on s'écarte du chemin batu; mais on ne s'égare pas toutes les fois qu'on s'en écarte. Quelques-uns en arrivent plûtost où ils prétendent, & chacun peut hazarder à ses périls.*

ACTEVRS.

AGESILAS, Roy de Sparte.

LYSANDER, Fameux Capitaine de Sparte.

COTYS, Roy de Paphlagonie.

SPITRIDATE, Grand Seigneur Persan.

MANDANE, Sœur de Spitridate.

ELPINICE, } Filles de Lysander
AGLATIDE, }

XENOCLES, Lieutenant d'Agésilas.

CLEON, Orateur Grec, natif d'Halicarnasse.

La Scene est à Ephése.

AGESILAS, TRAGEDIE.

ACTE I.

SCENE PREMIERE.

ELPINICE, AGLATIDE.

AGLATIDE.

A sœur, depuis un mois nous voilà dans Ephese,
Prestes à recevoir ces illustres époux
Que Lysander mon pére a sçeu choisir pour nous,
Et ce choix bienheureux n'a rien qui ne vous plaise.
Dites-moy toutefois & parlons librement.
Vous semble-t'il que vostre amant

A

Cherche avec grande ardeur vostre chere pré-
sence,
Et trouvez-vous qu'il montre attendant ce grand
jour
Cette obligeante impatience
Que donne, à ce qu'on dit, le véritable amour?
ELPINICE.
Cotys est Roy, ma sœur, & comme sa couronne
Parle suffisamment pour luy,
Asseuré de mon cœur que son trosne luy donne,
De le trop demander il s'épargne l'ennuy.
Ce me doit estre assez qu'en secret il soûpire,
Que je puis deviner ce qu'il craint de trop dire,
Et que moins son amour a d'importunité,
Plus il a de sincérité.
Mais vous ne dites rien de vostre Spitridate !
Prend-il autant de peine à mériter vos feux,
Que l'autre à retenir mes vœux ?
AGLATIDE.
C'est environ ainsi que son amour éclate,
Il m'obséde à peu près comme l'autre vous sert;
On diroit que tous deux agissent de concert,
Qu'ils ont juré de n'estre importuns l'un ny l'autre:
Ils en font grand scrupule, & la sincérité
Dont mon amant se pique à l'éxemple du vostre
Ne met pas son bonheur en l'assidüité.
Ce n'est pas qu'à vray dire il ne soit excusable,
Ie préparay pour luy dès Sparte une froideur,
Qui dès l'abord étoit capable
D'éteindre la plus vive ardeur;
Et j'avoüe entre nous qu'alors qu'il me néglige,
Qu'il se montre à son tour si froid, si retenu,
Loin de m'offenser il m'oblige,
Et me remet un cœur qu'il n'eust pas obtenu.

TRAGEDIE.

ELPINICE.

J'admire cette Antipathie
Qui vous l'a fait haïr avant que de le voir,
Et croirois que sa veuë auroit eu le pouvoir
D'en dissiper une partie.
Car enfin Spitridate a l'entretien charmant,
L'œil vif, l'esprit aisé, le cœur bon, l'ame belle;
A tant de qualitez s'il joignoit un vray zéle....

AGLATIDE.

Ma sœur, il n'est pas Roy comme l'est vostre amant.

ELPINICE.

Mais au party des Grecs il unit deux Provinces,
Et ce Perse vaut bien la pluspart de nos Princes.

AGLATIDE.

Il n'est pas Roy, vous dy-je, & c'est un grand defaut.
Ce n'est point avec vous que je le dissimule,
J'ay peut-estre le cœur trop haut,
Mais aussi bien que vous je sors du sang d'Hercule,
Et lors qu'on vous destine un Roy pour vôtre époux,
J'en veux un aussi bien que vous.
J'aurois quelque chagrin à vous traiter de Reine,
A vous voir dans un trosne assise en Souveraine,
S'il me falloit ramper dans un degré plus bas,
Et je porte une ame assez vaine
Pour vouloir jusque-là vous suivre pas à pas.
Vous étes mon aisnée, & c'est un avantage
Qui me fait vous devoir grande civilité;
Aussi veux-je céder le pas-devant à l'âge,
Mais je ne puis souffrir autre inégalité.

ELPINICE.

Vous estes donc jalouse, & ce trosne vous gesne
Où la main de Cotys a droit de me placer!
Mais si je renonçois au rang de Souveraine,
Voudriez-vous y renoncer?

A ij

AGESILAS,
AGLATIDE.
Non-pas si-tost, j'ay quelque veuë
Qui me peut encor amuser:
Mariez-vous, ma sœur, quand vous serez pour-
veuë,
On trouuera peut-estre un Roy pour m'épouser.
I'en aurois un déja n'étoit ce rang d'aisnée
Qui demandoit pour vous ce qu'il vouloit m'offrir,
Ou s'il eust reconnu qu'un pére eust pû souffrir
Qu'à l'Hymen avant vous on me vist destinée.
Si ce Roy jusqu'icy ne s'est point déclaré,
Peut-estre qu'après tout il n'a que différé,
Qu'il attend vostre Hymen pour rompre son
silence;
Ie pense avoir encor ce qui le sçeut charmer,
Et s'il faut vous en faire entiére confidence,
Agésilas m'aimoit, & peut encor m'aimer.
ELPINICE.
Que dites-vous, ma sœur? Agésilas vous aime!
AGLATIDE.
Ie vous dis qu'il m'aimoit, & que sa passion
Pourroit bien estre encor la mesme,
Mais cet amusement de mon ambition
Peut n'estre qu'une illusion.
Ce Prince tient son trosne & sa haute puissance
De ce mesme Héros dont nous tenons le jour;
Et si ce n'étoit lors que par reconnoissance
Qu'il me témoignoit de l'amour,
Puis-je estre sans inquietude
Quand il n'a plus pour luy que de l'ingratitude,
Qu'il n'écoute plus rien qui vienne de sa part?
Ie ne sçay si sa flame est pour moy foible ou forte,
Mais la reconnoissance morte,
L'amour doit courir grand hazard.

TRAGEDIE.
ELPINICE.
Ah, s'il n'avoit voulu que par reconnoissance
   Estre gendre de Lysander,
Son choix auroit suivy l'ordre de la naissance,
Et Sparte au lieu de vous l'eust veu me demander.
Mais pour mettre chez nous l'éclat de sa couronne,
Attendre que l'Hymen m'ait engagée ailleurs,
C'est montrer que le cœur s'attache à la personne :
Ayez, ayez pour luy des sentimens meilleurs.
Ce cœur qu'il vous donna, ce choix qui considére
Autant & plus encor la fille que le pére,
Feront que le devoir aura bien-tost son tour,
Et pour vous faire seoir où vos desirs aspirent,
Vous verrez, & dans peu, comme pour vous cons-
 pirent
   La reconnoissance & l'amour.
AGLATIDE.
Vous voyez cependant qu'à peine il me regarde,
Depuis nostre arrivée il ne m'a point parlé,
Et quand ses yeux vers moy se tournent par mé-
 garde...
ELPINICE.
Comme avec luy mon pére a quelque démeslé,
   Cette petite négligence
   Qui vous fait douter de sa foy
   Vient de leur mésintelligence,
Et dans le fond de l'ame il vit sous vostre loy.
AGLATIDE.
A tous hazards, ma sœur, comme j'en suis mal seure,
Si vous me pouviez faire un don de vostre amant,
Ie croy que je pourrois l'accepter sans murmure.
Vous venez de parler du mien si dignement...
ELPINICE.
Aimeriez-vous Cotys, ma sœur?

AGESILAS,
AGLATIDE.
Moy ? nullement.
ELPINICE.
Pourquoy donc vouloir qu'il vous aime ?
AGLATIDE.
Les hommages qu'Agéſilas
Daigna rendre en ſecret au peu que j'ay d'appas
M'ont ſi bien imprimé l'amour du Diadème,
Que pourveu qu'un amant ſoit Roy,
Il eſt trop aimable pour moy.
Mais ſans troſne on perd temps, c'eſt la prémiére idée
Qu'à l'Amour en mon cœur il ait plû de tracer;
Il l'a fidellement gardée,
Et rien ne peut plus l'effacer.
ELPINICE.
Chacune a ſon humeur, la grandeur ſouveraine,
Quelque main qui vous l'offre, eſt digne de vos feux,
Et vous ne ferez point d'heureux
Qui de vous ne faſſe une Reine;
Moy, je m'éblouïs moins de la ſplendeur du rang,
Son éclat au reſpect plus qu'à l'amour m'invite.
Cet heureux avantage ou du Sort, ou du ſang,
Ne tombe pas toûjours ſur le plus de mérite.
Si mon cœur, ſi mes yeux en étoient conſultez,
Leur choix iroit à la perſonne,
Et les hautes vertus, les rares qualitez,
L'emporteroient ſur la Couronne.
AGLATIDE.
Avoüez tout, ma ſœur, Spitridate vous plaiſt.
ELPINICE.
Vn peu plus que Cotys, & ſi voſtre intéreſt
Vous pouvoit réſoudre à l'échange...

TRAGEDIE.

AGLATIDE.
Qu'en pouvons-nous icy résoudre vous & moy ?
En l'état où le Ciel nous range
Il faut l'ordre d'un pére, il faut l'aveu d'un Roy,
Que je plaise à Cotys, & vous à Spitridate.

ELPINICE.
Pour l'un, je ne sçay quoy m'en flate,
Pour l'autre, je n'en répons pas,
Et je craindrois fort que Mandane,
Cette incomparable Persane,
N'eust pour luy des attraits plus forts que vos appas.

AGLATIDE.
Ma sœur, Spitridate est son frére,
Et si jamais sur luy vous aviez du pouvoir...

ELPINICE.
Le voilà qui nous considére.

AGLATIDE.
Est-ce vous ou moy qu'il vient voir ?
Voulez-vous que je vous le laisse ?

ELPINICE.
Ma sœur, auparavant engagez l'entretien,
Et s'il s'en offre lieu, joüez d'un peu d'adresse,
Pour vostre intérest & le mien.

AGLATIDE.
Il est juste en effet, puisqu'il n'a sçeu me plaire,
Que je vous aide à m'en défaire.

SCENE II.

SPITRIDATE, ELPINICE, AGLATIDE.

ELPINICE.

Seigneur, je me retire, entre les vrais amans
Leur amour seul a droit d'estre de confidence,
Et l'on ne peut mesler d'agréable presence
    A de si précieux momens.

SPITRIDATE.

Vn vertüeux amour n'a rien d'incompatible
    Avec les regards d'une sœur :
    Ne m'enviez point la douceur
De pouvoir à vos yeux convaincre une insensible.
Soyez juge & témoin de l'indigne succès
    Qui se prépare pour ma flame.
    Voyez jusqu'au fond de mon ame
D'une si pure ardeur où va le digne excès ;
Voyez tout mon espoir aux bords du précipice,
Voyez des maux sans nombre & hors de guérison;
Et quand vous aurez veu toute cette injustice,
    Faites-m'en un peu de raison.

AGLATIDE.

Si vous me permettez, Seigneur, de vous entendre,
De l'air dont vostre amour commence à m'accuser,
    Ie crains que pour en bien user
    Ie ne me doive mal défendre.
Ie sçay bien que j'ay tort, j'avoüe, & hautement,
    Que ma froideur doit vous déplaire,
Mais en cette froideur un heureux changement
    Pourroit-il fort vous satisfaire?

TRAGEDIE.
SPITRIDATE.
En doutez-vous, Madame, & peut-on conceuoir...
AGLATIDE.
Ie vous entens, Seigneur, & voy ce qu'il faut voir.
Vn aveu plus précis est d'une conséquence
   Qui pourroit vous embaraſſer,
Et mesme à nostre sexe il est de bien-séance
   De ne pas trop vous en preſſer.
A Lyſander mon pére il vous plût de promettre
D'unir par noſtre Hymen voſtre ſang & le ſien:
La raiſon, à peu près, Seigneur, je la pénétre,
Bien qu'aux raiſons d'Etat je ne connoiſſe rien.
Vous ne m'aviez point veuë, & facile ou cruelle,
   Petite ou grande, laide ou belle,
Qu'à voſtre humeur ou non je puſſe m'accorder,
La choſe étoit égale à voſtre ardeur nouvelle,
Pourveu que vous fuſſiez gendre de Lyſander.
Ma ſœur vous auroit plû s'il vous l'euſt propoſée,
I'euſſe agréé Cotys s'il me l'euſt propoſé,
Vous trouvaſtes tous deux la Politique aiſée,
Nous creuſmes toutes deux noſtre devoir aiſé.
   Comme à traiter cette alliance
Les tendreſſes des cœurs n'eurent aucune part,
Le voſtre avec le mien a peu d'intelligence,
Et l'amour en tous deux pourra naiſtre un peu tard.
   Quand il faudra que je vous aime,
Que je l'auray promis à la face des Dieux,
   Vous deviendrez cher à mes yeux,
   Et j'eſpére de vous le meſme.
Iuſque-là voſtre amour aſſez mal ſe fait voir,
Celuy que je vous garde encor plus mal s'explique;
Vous attendez le temps de voſtre Politique,
   Et moy celuy de mon devoir.

AGESILAS,

Voilà, Seigneur, quel est mon crime,
Vous m'en vouliez cõvaincre, il n'en est plus besoin,
J'en ay fait comme vous ma sœur juge & témoin;
Que ma froideur luy semble injuste, ou légitime,
La raison que vous peut en faire sa bonté,
    Je consens qu'elle vous la face,
Et pour vous en laisser tous deux en liberté,
    Je veux bien luy quitter la place.

SCENE III.

SPITRIDATE, ELPINICE.

SPITRIDATE.

Elle ne s'y fait pas, Madame, un grand effort,
Et feroit grace entiére à mon peu de mérite,
Si vostre ame auec elle étoit assez d'accord
Pour se vouloir saisir de ce qu'elle vous quitte.
Pour peu que vous daigniez écouter la raison,
    Vous me devez cette justice,
Et prendre autant de part à voir ma guérison,
Qu'en ont eu vos attraits à faire mon supplice.

ELPINICE.

Quoy, Seigneur ? j'aurois part...

SPITRIDATE.
    C'est trop dissimuler
La cause & la grandeur du mal qui me possède,
Et je me dois, Madame, au défaut du reméde
    La vaine douceur d'en parler.
    Ouy, vos yeux ont part à ma peine,
    Ils en font plus de la moitié,
Et s'il n'est point d'amour pour en finir la gesne,
Il est pour l'adoucir des regards de pitié.

Quand je quittay la Perse & brisay l'esclavage
Où m'envoyant au jour le Ciel m'avoit soûmis,
Ie creus qu'il me falloit parmy ses ennemis
D'un protecteur puissant asseurer l'avantage;
Cotys eut comme moy besoin de Lysander,
Et quand pour l'attacher luy-mesme à nos familles
    Nous demandasmes ses deux filles,
Ce fut les obtenir que de les demander.
Par déférence au trosne il luy promit l'aisnée,
   La jeune me fut destinée;
Comme nous ne cherchions tous deux que son appuy,
Nous acceptasmes tout sans regarder que luy.
I'avois sçeu qu'Aglatide étoit des plus aimables,
On m'avoit dit qu'à Sparte elle sçavoit charmer,
   Et sur des bruits si favorables
   Ie me répondois de l'aimer.
Que l'Amour aime peu ces folles confiances,
Et que pour affermir son empire en tous lieux
Il laisse choir souvent de cruelles vangeances
Sur qui promet son cœur sans l'aveu de ses yeux!
   Ce sont les conseillers fidelles
Dont il prend les avis pour ajuster ses coups,
Leur rapport inégal vous fait plus ou moins belles,
Et les plus beaux objets ne le sont pas pour tous.
A ce moment fatal qui nous permit la veuë
   Et de vous, & de cette sœur,
   Mon ame devint toute émeuë
Et le trouble aussi-tost s'empara de mon cœur.
   Ie le sentis pour elle tout de glace,
   Ie le sentis tout de flame pour vous,
   Vous y régnastes en sa place,
Et ses regards aux miens n'offrirent rien de doux,

Il faut pourtant l'aimer, du moins il faut le feindre,
    Il faut vous voir aimer ailleurs :
Voyez s'il fut jamais un amant plus à plaindre,
Vn cœur plus accablé de mortelles douleurs.
C'est un malheur sans doute égal au trépas mesme,
Que d'attacher sa vie à ce qu'on n'aime pas;
Et voir en d'autres mains passer tout ce qu'on aime,
C'est un malheur encor plus grand que le trépas.

ELPINICE.

Ie vous en plains, Seigneur, & ne puis davantage.
    Ie ne sçais aimer ny haïr,
Mais dès qu'un pére parle, il porte en mon courage
Toute l'impression qu'il faut pour obeïr.
Voyez avec Cotys si ses vœux les plus tendres
Voudroient rendre à ma sœur l'hommage qu'il me rend;
Tout doit estre à mon pére assez indifférent,
Pourveu que vous & luy vous demeuriez ses gendres.
Mais à vous dire tout, je crains qu'Agésilas
N'y refuse l'aveu qui vous est nécessaire,
C'est nostre Souverain.

SPITRIDATE.

        S'il en dédit un pére,
Peut-estre ay-je une sœur qu'il n'en dédira pas.
Ce grand Prince pour elle a tant de complaisance,
Qu'à sa moindre priére il ne refuse rien,
Et si ce cœur vouloit s'entendre avec le mien...

ELPINICE.

Reposez-vous, Seigneur, sur mon obeïssance,
    Et contentez-vous de sçavoir
Qu'aussi-bien que ma sœur j'écoute mon devoir.
Allez trouver Cotys, & sans aucun scrupule...

SPITRIDATE.

SPITRIDATE.
Perdriez-vous pour moy son trosne sans ennuy ?
ELPINICE.
Le voila qui paroit. Quelque ardeur qui vous brûle,
Mettez d'accord mon pére, Agésilas & luy.

SCENE IV.
COTYS, SPITRIDATE.
COTYS.
Vous voyez de quel air Elpinice me traite,
Comme elle disparoit, Seigneur, à mon abord.
SPITRIDATE.
Si vostre ame, Seigneur, en est mal satisfaite,
Mon sort est bien à plaindre autant que vostre sort.
COTYS.
Ah, s'il n'étoit honteux de manquer de promesse !
SPITRIDATE.
Si la foy sans rougir pouvoit se dégager !
COTYS.
Qu'une autre de mon cœur seroit bien-tost maîtresse !
SPITRIDATE.
Que je serois ravy comme vous de changer !
COTYS.
Elpinice pour moy montre une telle glace,
Que je me tiendrois seur de son consentement.
SPITRIDATE.
Aglatide verroit qu'une autre prist sa place
Sans en murmurer un moment.

COTYS.

Que nous sert qu'en secret l'une & l'autre engagée
Peut-estre ainsi que nous porte son cœur ailleurs?
Pour voir nostre infortune entre elles partagée
   Nos destins n'en sont pas meilleurs.

SPITRIDATE.

Elles aiment ailleurs, ces belles dédaigneuses,
   Et peut-estre en dépit du Sort
Il seroit un moyen, & de les rendre heureuses,
Et de nous rendre heureux par un commun accord.

COTYS.

Souffrez donc qu'avec vous tout mon cœur se déploye,
Ah, si vous le vouliez, que mon sort seroit doux,
Vous seul me pouvez mettre au comble de ma joye.

SPITRIDATE.

Et ma félicité dépend toute de vous.

COTYS.

Vous me pouvez donner l'objet qui me possede.

SPITRIDATE.

Vous me pouvez donner celuy de tous mes vœux,
Elpinice me charme.

COTYS.
    Et si je vous la céde?

SPITRIDATE.

Ie céderay de mesme Aglatide à vos feux.

COTYS.

Aglatide, Seigneur? ce n'est pas là m'entendre,
   Et vous ne feriez rien pour moy.

SPITRIDATE.

Ne vous devez-vous pas à Lysander pour gendre?

COTYS.

Ouy, mais l'amour icy me fait une autre loy.

TRAGEDIE.
SPITRIDATE.
L'amour ! il n'en faut point écouter qui le blesse,
   Et qui nous oste son appuy.
L'échange des deux sœurs n'a rien qui l'intéresse,
   Nous n'en serons pas moins à luy;
Mais de porter ailleurs sa main qui leur est deuë,
Seigneur, au dernier point ce sera l'irriter,
   Et sa protection perduë,
  N'avons-nous rien à redouter ?
COTYS.
Si je n'en juge mal, sa faveur n'est pas grande,
   Seigneur, auprès d'Agésilas,
Il n'obtient presque rien de quoy qu'il luy demande.
SPITRIDATE.
Ie voy qu'assez souvent il ne l'écoute pas :
   Mais pour un différent frivole
   Dont nous ignorons le secret,
Ce Prince avoûroit-il un amour indiscret
   D'un tel manquement de parole ?
Luy qui luy doit son trosne, & cét illustre rang
D'unique Général des troupes de la Gréce,
Pourroit-il le haïr avec tant de bassesse
Qu'il pûst authoriser ce mépris de son sang ?
Si nous manquons de foy, qu'aura-t'il lieu de croire ?
En aurions-nous pour luy plus que pour Lysander ?
Pensez-y bien, Seigneur, avant qu'y hazarder
   Nos seuretez & vostre gloire.
COTYS.
Et si ce différent que vous craignez si peu
Luy fait pour nostre Hymen refuser son aveu ?
SPITRIDATE.
Ma sœur n'a qu'à parler, je m'en tiens seur par elle.
COTYS.
Seigneur, l'aimeroit-il ?

B ij

AGESILAS,
SPITRIDATE.
> Il la trouve assez belle,

Il en parle avec joye, & se plaist à la voir;
Ie tasche d'affermir ces douces apparences,
> Et si vous voulez tout sçauoir,

Ie pense avoir dequoy flater mes espérances.
Prenez-y part, Seigneur, pour l'intérest commun?
Quand nous aurons tous deux Lysander pour beau-
> père,

Ce Roy s'allie à vous s'il devient mon beau-frére,
Et nous aurons ainsi deux appuis au lieu d'un.
COTYS.
Et Mandane y consent?
SPITRIDATE.
> Mandane est trop bien née

Pour dédire un devoir qui la met sous ma loy.
COTYS.
Et vous avez donné pour elle vostre foy?
SPITRIDATE.
Non, mais à dire vray, je la tiens pour donnée.
COTYS.
Ah, ne la donnez point, Seigneur, si vous m'aimez,
> Ou si vous aimez Elpinice :

Mandane a tout mon cœur, mes yeux en sont char-
mez,
Et ce n'est qu'à ce prix que je vous rens justice.
SPITRIDATE.
Elpinice ne rend vostre foy qu'à sa sœur,
Et ce n'est qu'à ce prix qu'elle mesme se donne.
COTYS.
Helas, & si l'amour autrement en ordonne,
> Le moyen d'y forcer mon cœur?

SPITRIDATE.
Rendez-vous-en le maistre.

TRAGEDIE.

COTYS.

Et l'étes-vous du voſtre ?

SPITRIDATE.

I'y feray mon effort ſi je vous parle en vain,
Et du moins ſi ma ſœur vous dérobe à toute autre,
Ie ſeray maiſtre de ma main.

COTYS.

Ie ne le puis celer, qui que l'on me propoſe,
Toute autre que Mandane eſt pour moy meſme

SPITRIDATE.   (choſe.

Il vous eſt donc facile, & doit meſme eſtre doux,
Puiſqu'enfin Elpinice aime un autre que vous,
De luy preferer qui vous aime;
Et du moins vous auriez l'honneur
Par un peu d'effort ſur vous meſme
De faire le commun bonheur.

COTYS.

Ie ferois trois heureux qui m'empeſchent de l'eſtre !
I'oſe, j'oſe vous faire une plus juſte loy.
Ou faites mon bonheur dont vous êtes le maiſtre,
Ou demeurez tous trois malheureux comme moy.

SPITRIDATE.

Et bien, épouſez Elpinice,
Ie renonce à tout mon bonheur,
Plûtoſt que de me voir complice
D'un manquement de foy qui vous perdroit d'hon-

COTYS.   (neur.

Rendez-vous à voſtre Aglatide,
Puiſque voſtre cœur endurcy
Veut ſuivre obſtinément un faux devoir pour guide,
Ie ſeray malheureux, vous le ſerez auſſi.

Fin du premier Acte.

B iij

ACTE II.

SCENE PREMIERE.
SPITRIDATE, MANDANE.

SPITRIDATE.

Que nous avons, ma sœur, brisé de rudes chaisnes!
En Perse il n'est point de Sujets,
Ce ne sont qu'esclaves abjets
Qu'écrasent d'vn coup d'œil les testes souveraines.
Le Monarque, ou plûtost le tyran général
    N'y suit pour loy que son caprice,
N'y veut point d'autre régle & point d'autre justice,
Et souvent mesme impute à crime capital
Le plus rare mérite, & le plus grand service.
Il abat à ses pieds les plus hautes vertus,
S'immole insolemment les plus illustres vies,
Et ne laisse aujourd'huy que les cœurs abatus
    A couvert de ses tyrannies.
Vous autres, s'il vous daigne honorer de son lit,
    Ce sont indignitez égales,
La gloire s'en partage entre tant de rivales,
Qu'elle est moins un honneur qu'un sujet de dépit.

TRAGEDIE.

Toutes n'ont pas le nom de Reines,
Mais toutes portent mesmes chaisnes,
Et toutes, à parler sans fard,
Servent à ses plaisirs sans part à son Empire,
Et mesme en ses plaisirs elles n'ont autre part,
Que celle qu'à son cœur brutalement inspire
Ou ce caprice, ou le hazard.
Voila, ma sœur, à quoy vous avoit destinée,
A quel infame honneur vous avoit condamnée
Pharnabase son Lieutenant;
Il auroit fait de vous un present à son Prince,
Si pour nous affranchir mon soin le prévenant
N'eust à sa tyrannie arraché ma Province.
La Gréce a de plus saintes loix,
Elle a des Peuples & des Rois
Qui gouvernent avec justice:
La raison y préside & la sage équité,
Le pouvoir souverain par elles limité
N'y laisse aucun droit au caprice.
L'Hymen de ses Rois mesme y donne cœur pour
  cœur;
Et si vous aviez le bonheur
Que l'un d'eux vous offrist son trosne avec son ame,
Vous seriez par ce nœud charmant,
Et Reine veritablement,
Et veritablement sa femme.

MANDANE.

Ie veux bien l'espérer, tout est facile aux Dieux,
Et peut-estre que de bons yeux
En auroient déja veu quelque flateuse marque;
Mais il en faut de bons pour faire un si grand
  choix,
Si le Roy dans la Perse est un peu trop Monarque,
En Gréce il est des Rois qui ne sont pas trop Rois.

Il en est dont le Peuple est le suprême arbitre,
Il en est d'attachez aux ordres d'un Sénat,
Il en est qui ne sont enfin sous ce grand títre
   Que prémiers Sujets de l'Etat.
Ie ne sçay si le Ciel pour régner m'a fait naistre,
Et quoy qu'en ma faveur j'aye encor veu paroistre,
   Ie doute si l'on m'aime ou non:
   Mais je pourrois estre assez vaine,
   Pour dédaigner le nom de Reine
Que m'offriroit un Roy qui n'en eust que le nom.

SPITRIDATE.

Vous en sçavez beaucoup, ma sœur, & vos mérites
Vous ouvrent fort les yeux sur ce que vous valez.

MANDANE.

Ie répons simplement à ce que vous me dites,
Et parle en général comme vous me parlez.

SPITRIDATE.

Cependant & des Rois & de leur différence
Ie vous trouve en effet plus instruite que moy.

MANDANE.

Puisque vous m'ordonnez qu'icy j'espére un Roy,
Il est juste, Seigneur, que quelquefois j'y pense.

SPITRIDATE.

N'y pensez-vous point trop?

MANDANE.

      Ie sçay que c'est à vous
A régler mes desirs sur le choix d'un époux,
   Mon devoir n'en fera point d'autre;
Mais quand vous daignerez choisir pour une sœur,
Daignez songer de grace à faire son bonheur
   Mieux que vous n'avez fait le vostre.
D'un choix que vous m'aviez vous mesme tant
  loüé
Vostre cœur & vos yeux vous ont desavoüé,

TRAGEDIE.

Et si j'ay comme vous quelques pantes secrettes,
Seigneur, si c'est ainsi que vous les rencontrez,
  Iugez par le trouble où vous êtes
  De l'état où vous me mettrez.
SPITRIDATE.
Ie le voy bien, ma sœur, il faut vous laisser faire.
Qui choisit mal pour soy choisit mal pour autruy,
Et vostre cœur instruit par le malheur d'un frére
  A déja fait son choix sans luy.
MANDANE.
Peut-estre, mais enfin vous suis-je necessaire?
Parlez, il n'est desirs, ny tendres sentimens,
Que je ne sacrifie à vos contentemens.
Faut-il donner ma main pour celle d'Elpinice?
SPITRIDATE.
Que sert de m'en offrir un entier sacrifice,
Si je n'ose & ne puis mesme déterminer
A qui pour mon bonheur vous devez la donner?
Cotys me la demande, Agésilas l'espére.
MANDANE.
Agésilas, Seigneur! & le sçavez-vous bien?
SPITRIDATE.
Parler de vous sans cesse, aimer vostre entretien,
Vous donner tout crédit, ne chercher qu'à vous plai-
MANDANE.   (re...
Ce sont civilitez envers une étrangére,
Qui font beaucoup d'éclat & ne produisent rien.
  Il jette par là des amorces
A ceux qui comme nous voudront grossir ses forces;
Mais quelque haut crédit qu'il me donne en sa Cour,
De toute sa conduite il est si bien le maistre,
Qu'au simple nom d'Hymen vous verriez dispa-
  roistre
Tout ce qu'en ses faveurs vous prenez pour amour.

SPITRIDATE.

Vous panchez vers Cotys & sçavez qu'Elpinice
Ne veut point estre à moy qu'il ne soit à sa sœur.

MANDANE.

Ie vous répons de tout si vous avez son cœur.

SPITRIDATE.

Et Lysander pourra souffrir cette injustice ?

MANDANE.

Lysander est si mal auprès d'Agésilas
Que ce sera beaucoup s'il en obtient un gendre,
Et peut-estre sans moy ne l'obtiendra-t'il pas ;
Pour deux, il auroit tout s'il osoit y prétendre.
Mais, Seigneur, le voicy, taschez de pressentir
Ce qu'en vostre faveur il pourroit consentir.

SPITRIDATE.

Ma sœur, vous étes plus adroite,
Souffrez que je ménage un moment de retraite :
I'aurois trop à rougir pour peu que devant moy
Vous fissiez deviner de ce manque de foy.

SCENE II.

LYSANDER, SPITRIDATE, MANDANE, CLEON.

LYSANDER.

Qvoy qu'en matiére d'Hyménées
L'importune langueur des affaires traisnées
Attire assez souvent de fascheux embarras,
I'ay voulu qu'à loisir vous peussiez voir mes filles,
Avant que demander l'aveu d'Agésilas
    Sur l'union de nos familles.

Dites-moy donc, Seigneur, ce qu'en jugent vos yeux,
S'ils laissent vostre cœur d'accord de vos promesses,
Et si vous y sentez plus d'aimables tendresses
Que de justes desirs de pouvoir choisir mieux.
Parlez avec franchise, avant que je m'expose
   A des refus presque asseurez
   Que j'estimeray peu de chose,
   Quand vous serez plus declarez.
Et n'appréhendez point l'emportement d'un pére;
Ie sçay trop que l'Amour de ses droits est jaloux,
   Qu'il dispose de nous sans nous,
Que les plus beaux objets ne sont pas seurs de plaire.
L'aveugle sympathie est ce qui fait agir
   La plusparts des feux qu'il excite;
Il ne l'attache pas tosijours au vray mérite,
Et quand il la dénie on n'a point à rougir.
   SPITRIDATE.
Puisque vous le voulez, je ne puis me défendre,
Seigneur, de vous parler avec sincérité.
Ma seule ambition est d'estre vostre gendre;
Mais apprenez de grace une autre verité.
Ce bonheur que j'attens, cette gloire où j'aspire,
Et qui rendroit mon sort égal au sort des Dieux,
N'a pour objet... Seigneur, je tremble à vous le dire,
   Ma sœur vous l'expliquera mieux.

SCENE III.

LYSANDER, MANDANE, CLEON.

LYSANDER.

Qve veut dire, Madame, une telle retraite?
Se plaint-il d'Aglatide, & la jeune indiscréte
Répondroit-elle mal aux honneurs qu'il luy fait?
MANDANE.
Elle y répond, Seigneur, ainsi qu'il le souhaite,
  Et je l'en voy fort satisfait :
Mais je ne voy pas bien que par les sympathies
  Dont vous venez de nous parler,
  Leurs ames soient fort assorties,
Ny que l'Amour encor ait daigné s'en mesler.
Ce n'est pas qu'il n'aspire à se voir vostre gendre,
Qu'il n'y mette sa gloire & borne ses plaisirs;
Mais puisque par son ordre il me faut vous l'apprendre,
Elpinice est l'objet de ses plus chers desirs.
LYSANDER.
Elpinice ! & sa main n'est plus en ma puissance !
MANDANE.
Ie sçay qu'il n'est plus temps de vous la demander,
Mais je vous répondrois de son obéïssance,
  Si Cotys la vouloit céder.
Que sçait-on si l'Amour dont la bizarrerie
Se joüe assez souvent du fond de nostre cœur,
N'aura point fait au sien mesme supercherie?
S'il n'y préfére point Aglatide à sa sœur?

Cet

TRAGEDIE.

Cet échange, Seigneur, pourroit-il vous déplaire,
S'il les rendoit tous quatre heureux?
LYSANDER.
Madame, doutez-vous de la bonté d'un pére?
MANDANE.
Voyez donc si Cotys sera plus rigoureux.
Ie vous laisse avec luy, de peur que ma presence
N'empesche une sincére & pleine confiance.
à Cotys.
Seigneur, ne cachez plus le véritable amour
Dont l'idée en secret vous flate;
I'ay dit à Lysander celuy de Spitridate,
Dites le vostre à vostre tour.

SCENE IV.

LYSANDER, COTYS, CLEON.

COTYS.

PVisqu'elle vous l'a dit, pourrois-je vous le taire?
Iugez, Seigneur, de mes ennuis;
Vne autre qu'Elpinice à mes yeux a sceu plaire,
Et l'aimer est un crime en l'état où je suis.
LYSANDER.
Ne traitez point, Seigneur, ce nouveau feu de crime,
Le choix que font les yeux est le plus légitime.
Et comme un beau desir ne peut bien s'allumer,
S'ils n'instruisent le cœur de ce qu'il doit aimer;
C'est oster à l'amour tout ce qu'il a d'aimable
Que les tenir captifs sous une aveugle foy,
Et le don le plus favorable
Que ce cœur sans leur ordre ose faire de soy,
Ne fut jamais irrevocable.

C

COTYS.

Seigneur, ce n'est point par mépris,
Ce n'est point qu'Elpinice aux miens n'ait paru belle;
Mais enfin (le diray-je?) ouy, Seigneur, on m'a pris,
On m'a volé ce cœur que j'apportois pour elle.
D'autres yeux malgré moy s'en sont faits les tyrans,
Et ma foy s'est armée en vain pour ma défense,
Ce lasche qui s'est mis de leur intelligence
Les a soudain receus en justes conquérans.

LYSANDER.

Laissez-leur garder leur conqueste.
Peut-estre qu'Elpinice avec plaisir s'apreste
A vous laisser ailleurs trouver un sort plus doux,
Quand un autre pour elle a d'autres yeux que vous;
Qu'elle céde ce cœur à celle qui le vole,
Et qu'en ce mesme instant qu'on vous le surprenoit,
Vn pareil attentat sur sa propre parole
Luy déroboit celuy qu'elle vous destinoit.
Sur tout, ne craignez rien du costé d'Aglatide,
Ie puis répondre d'elle, & quand j'auray parlé,
Vous verrez tout son cœur où mon vouloir préside
Vous payer de celuy qu'elle vous a volé.

COTYS.

Ah, Seigneur, pour ce vol je ne me plains pas d'elle.

LYSANDER.

Et de qui donc ?

COTYS.

L'Amour s'y sert d'une autre main.

LYSANDER.

L'Amour !

COTYS.

Cuy cet amour qui me rend infidelle...

LYSANDER.

Seigneur, du nom d'amour n'abusez point en vain;

Dites, d'Agésilas la haine insatiable.
C'est elle dont l'aigreur auprès de vous m'accable,
Et qui de jour en jour s'animant contre moy
Pour me perdre d'honneur m'enléve vostre foy.
COTYS.
Ah, s'il y va de vostre gloire,
Ma parole est donnée, & dussay-je en mourir,
Ie la tiendray, Seigneur, jusqu'au dernier soûpir;
Mais quoy que la surprise ait pû vous faire croire,
N'accusez point Agésilas
D'un crime de mon cœur que mesme il ne sçait pas.
Mandane qui m'ordonne à vos yeux de le dire
Vous montre assez par là quel souverain empire
L'Amour luy donne sur ce cœur;
Ne considérez point si j'aime ou si l'on m'aime,
En matiére d'honneur ne voyez que vous-mesme,
Et disposez de moy comme veut cet honneur.
LYSANDER.
L'Amour le fera mieux, ce que j'en viens d'apprendre
M'offre un sujet de joye où j'en voyois d'ennuy :
Epouser la sœur de mon gendre
C'est le devenir comme luy.
Aglatide d'ailleurs n'est pas si delaissée
Que vostre éxemple n'aide à luy trouver un Roy,
Et pour peu que le Ciel réponde à ma pensée,
Ce sera plus de gloire & plus d'appuy pour moy.
Aussi feray-je plus, je veux que de moy-mesme
Vous teniez cet objet qui vous fait soûpirer,
Et Spitridate à moins que de m'en asseurer
N'obtiendra jamais ce qu'il aime.
Ie veux dès aujourd'huy sçavoir d'Agésilas
S'il pourra consentir à ce double Hyménée
Dont ma parole étoit donnée ;
Sa haine apparemment ne m'en avoûra pas :

AGESILAS,

Si pourtant par bonheur il m'en laisse le maistre,
I'en useray, Seigneur, comme je le promets;
    Sinon, vous luy ferez connoistre
    Vous-mesme quels sont vos souhaits.
COTYS.
Ah, que Mandane & moy n'avons-nous mille vies,
    Seigneur, pour vous les immoler!
Car je ne sçaurois plus vous le dissimuler,
Nos ames en seront également ravies.
Souffrez-luy donc sa part en ces ravissements,
Et pardonnez de grace à mon impatience...
LYSANDER.
Allez, on m'a veu jeune, & par expérience
Ie sçay ce qui se passe au cœur des vrais amants.

SCENE V.
LYSANDER, CLEON.
CLEON.
SEigneur, n'êtes-vous point d'une humeur bien facile,
D'applaudir à Cotys sur son manque de foy ?
LYSANDER.
    Ie prens pour l'attacher à moy
    Ce qui s'offre de plus utile.
    D'un emportement indiscret
    Ie ne voyois rien à prétendre;
    Vouloir par force en faire un gendre,
Ce n'est qu'en vouloir faire un ennemy secret.
Ie veux me l'acquérir, je veux, s'il m'est possible,
    A force d'amitiez si bien le ménager,
    Que quand je voudray me vanger
    I'en tire un secours infaillible.

Ainsi je flate ses desirs,
I'applaudy, je défére à ses nouveaux soûpirs,
Ie me fais l'autheur de sa joye,
Ie sers sa passion, & sous cette couleur
Ie m'ouvre dans son ame une infaillible voye,
A m'en faire à mon tour servir avec chaleur.
CLEON.
Ouy, mais Agésilas, Seigneur, aime Mandane,
Du moins toute sa Cour ose le deviner,
Et promettre à Cotys cette illustre Persane,
C'est luy promettre tout pour ne luy rien donner.
LYSANDER.
Qu'à ses vœux mon tyran l'accorde, ou la refuse,
De la maniére dont j'en use,
Il ne peut m'oster son appuy;
Et de quelque façon que la chose se passe,
Ou je fais la prémiére grace,
Ou j'aigris puissamment ce rival contre luy.
I'ay mesme à souhaiter que son feu se déclare;
Comme de nostre Sparte il choquera les loix,
C'est une occasion que luy-mesme il prépare,
Et qui peut la résoudre à mieux choisir ses Rois.
Nous avons trop long-temps asservy sa couronne
A la vaine splendeur du sang;
Il est juste à son tour que la vertu la donne,
Et que le seul mérite ait droit à ce haut rang.
Ma ligue est déja forte, & ta harangue est preste
A faire éclater la tempeste,
Si-tost qu'il aura mis ma patience à bout:
Si pourtant je voyois sa haine enfin bornée
Ne mettre aucun obstacle à ce double Hyménée,
Ie croy que je pourrois encor oublier tout.
En perdant cet ingrat je détruis mon ouvrage,
Ie voy dans sa grandeur le prix de mon courage,

Le fruit de mes travaux, l'effet de mon crédit:
Vn reste d'amitié tient mon ame en balance,
Quand je veux le haïr je me fais violence,
Et me force à regret à ce que je t'ay dit.
Il faut, il faut enfin qu'avec luy je m'explique,
  Que j'en sçache qui peut causer
Cette haine si lasche & qu'il rend si publique,
Et fasse un digne effort à le desabuser.
CLEON.
Il n'appartient qu'à vous de former ces pensées;
Mais vous ne songez point avec quels sentimens
  Vos deux filles intéressées
 Apprendront de tels changemens.
LYSANDER.
Aglatide est d'humeur à rire de sa perte,
Son esprit enjoüé ne s'ébranle de rien;
Pour l'autre, elle a de vray l'ame un peu moins ou-
 verte,
Mais elle n'eut jamais de vouloir que le mien.
Ainsi je me tiens seur de leur obeïssance.
CLEON.
Quand cette obeïssance a fait un digne choix,
Le cœur tombé par là sous une autre puissance
N'obeït pas toûjours une seconde fois.
LYSANDER.
Les voicy, laisse-nous, afin qu'avec franchise
  Leurs ames s'en ouvrent à moy.

SCENE VI.

LYSANDER, ELPINICE, AGLATIDE.

LYSANDER.

J'Apprens avec quelque surprise,
Mes filles, qu'on vous manque à toutes deux de foy.
Cotys aime en secret une autre qu'Elpinice,
    Spitridate n'en fait pas moins.
ELPINICE.
    Si l'on nous fait quelque injustice,
Seigneur, nostre devoir s'en remet à vos soins,
Je ne sçay qu'obeïr...
AGLATIDE.
        J'en sçay donc davantage.
Je sçay que Spitridate adore d'autres yeux,
Je sçay que c'est ma sœur à qui va cet hommage,
Et quelque chose encor qu'elle vous diroit mieux.
ELPINICE.
Ma sœur, qu'aurois-je à dire ?
AGLATIDE.
        A quoy bon ce mystére ?
Dites ce qu'à ce nom le cœur vous dit tout bas,
Ou je diray tout haut qu'il ne vous déplaist pas.
ELPINICE.
Moy, je pourrois l'aimer, & sans l'ordre d'un pére !
AGLATIDE.
Vous ne sçavez que c'est d'aimer, ny de haïr,
Mais vous seriez pour luy fort aise d'obeïr.
ELPINICE.
Qu'il faut souffrir de vous, ma sœur !

AGESILAS,
AGLATIDE.
Le grand supplice
De voir qu'en dépit d'elle on luy rend du service !
LYSANDER.
Rendez-luy la pareille. Aime-t'elle Cotys ?
Et s'il falloit changer entre vous de partis...
AGLATIDE.
Ie n'ay pas besoin d'interpréte,
Et vous en diray plus, Seigneur, qu'elle n'en sçait.
Cotys pourroit me plaire, & plairoit en effet,
Si pour toucher son cœur j'étois assez bien faite;
Mais je suis fort trompée, ou cet illustre cœur
N'est pas plus à moy qu'à ma sœur.
LYSANDER.
Peut-estre ce malheur d'assez près te menace.
AGLATIDE.
I'en connoy plus de vingt qui mourroiét en ma place,
Ou qui sçauroient du moins hautement quereller
L'injustice de la Fortune;
Mais pour moy qui n'ay pas une ame si commune,
Ie sçay l'art de m'en consoler.
Il est d'autres Rois dans l'Asie
Qui seront trop heureux de prendre vostre appuy,
Et déja je ne sçay par quelle fantaisie
I'en croy voir à mes pieds de plus puissans que luy.
LYSANDER.
Donc à moins que d'un Roy tu ne veux plus te rendre ?
AGLATIDE.
Ie croy pour Spitridate avoir déja fait voir
Que ma sœur n'a rien à m'apprendre
Sur le chapitre du devoir.
Elle sçait obéïr, & je le sçay comme elle,
C'est l'ordre, & je luy garde un cœur assez fidelle,

Pour en subir toutes les loix :
Mais pour régler ma Destinée,
Si vous vous abaissiez jusqu'à prendre ma voix,
Vous arréteriez vostre choix
Sur une teste couronnée,
Et ne m'offririez que des Rois.

LYSANDER.

C'est mettre un peu haut ta conqueste.

AGLATIDE.

La Couronne, Seigneur, orne bien une teste.
Ie me la figurois sur celle de ma sœur,
Lors que Cotys devoit l'y mettre,
Et quand j'en contemplois la gloire & la douceur
Que je ne pouvois me promettre,
Vn peu de jalousie & de confusion
Mutinoit mes desirs & me soûlevoit l'ame,
Et comme en cette occasion
Mon devoir pour agir n'attendoit point ma flame.

ELPINICE.

La gloire d'obeïr à vostre grand regret
Vous faisoit pester en secret,
C'est l'ordre, & du devoir la scrupuleuse idée.

AGLATIDE.

Que dites-vous, ma sœur, qu'osez-vous hazarder ?
Vous qui tantost...

ELPINICE.

Ma sœur, laissez-moy vous aider
Ainsi que vous m'avez aidée.

AGLATIDE.

Pour bien m'aider à dire icy mes sentimens
Vous vous prenez trop mal aux vostres,
Et si je suis jamais réduite aux truchemens
Il m'en faudra bien chercher d'autres.

Seigneur, quoy qu'il en soit, voilà quelle je suis.
J'acceptois Spitridate avec quelques ennuis,
De ce petit chagrin le Ciel m'a dégagée,
  Sans que mon ame soit changée.
Mon devoir régne encor sur mon ambition,
Quoy que vous m'ordonniez, j'obeïray sans peine :
  Mais de mon inclination
  Je mourray fille, ou vivray Reine.
ELPINICE.
Achevez donc, ma sœur, dites qu'Agésilas...
AGLATIDE.
  Ah, Seigneur, ne l'écoutez pas,
Ce qu'elle vous veut dire est une bagatelle,
Et mesme, s'il le faut, je la diray mieux qu'elle.
LYSANDER.
Dy donc, Agésilas ?
AGLATIDE.
    M'aimoit jadis un peu;
Du moins luy-mesme à Sparte il m'en fit confidence,
Et s'il me disoit vray, sa noble impatience
  De vous en demander l'aveu
  N'attendoit qu'après l'Hyménée
  De cette aimable & chére aisnée.
Mais s'il attendoit là que mon tour arrivé
  Authorisast à ma conqueste
La flame qu'en réserve il tenoit toute preste,
Son amour est encore icy plus réservé :
Et soit que dans Ephése un autre objet me passe,
Soit que par complaisance il céde à son rival,
  Il me fait à présent la grace
  De ne m'en dire bien ny mal.
LYSANDER.
D'un pareil changement ne cherche point la cause,
Sa haine pour ton pére à cet amour s'oppose,

Mais n'importe, il est bon que j'en sois averty:
J'agiray d'autre sorte avec cette lumiére,
Et suivant qu'aujourd'huy nous l'aurons plus entiére,
Nous verrons à prendre party.

Fin du second Acte.

ACTE III.

SCENE PREMIERE.

AGESILAS, LYSANDER, XENOCLES.

LYSANDER.

JE ne suis point surpris qu'à ces deux Hyménées
Vous refusiez, Seigneur, vostre consentement,
J'aurois eu tort d'attendre un meilleur traitemét
Pour le sang odieux dont mes filles sont nées.
Il est le sang d'Hercule en elles comme en vous,
Et méritoit par là quelque destin plus doux;
Mais s'il vous peut donner un titre légitime
  Pour estre leur maistre & leur Roy,
C'est pour l'une & pour l'autre une espéce de crime,
  Que de l'avoir receu de moy.
J'avois crû toutefois que l'exil volontaire
Où l'amour paternel près d'elles m'eust réduit,
Moy qui de mes travaux ne voy plus autre fruit
  Que le malheur de vous déplaire,
  Comme il delivreroit vos yeux
  D'une insupportable présence,
A mes jours presque usez obtiendroit la licence
  D'aller finir sous d'autres Cieux.

C'étoit

C'étoit-là mon dessein, mais cette mesme Envie
Qui me fait près de vous un si malheureux sort,
Ne sçauroit endurer, ny l'éclat de ma vie,
 Ny l'obscurité de ma mort.
AGESILAS.
Ce n'est pas d'aujourd'huy que l'Envie & la haine
 Ont persécuté les Héros:
Hercule en sert d'éxemple, & l'Histoire en est pleine,
Nous ne pouvons souffrir qu'ils meurent en repos.
Cependant cét éxil, ces retraites paisibles,
Cét unique souhait d'y terminer leurs jours,
Sont des mots bien choisis à remplir leurs discours,
Ils ont toûjours leur grace, ils sont toûjours plausi-
 bles,
 Mais ils ne sont pas vrais toûjours,
Et souvent des périls ou cachez, ou visibles,
Forcent nostre prudence à nous mieux asseurer
 Qu'ils ne veulent se figurer.
Ie ne m'étonne point qu'avec tant de lumiéres
 Vous ayez préveu mes refus;
Mais je m'étonne fort qué les ayant préveus
Vous n'en ayez pû voir les raisons bien entiéres.
Vous étes un grand homme, & de plus, mécontent,
I'avoûray plus encor, vous avez lieu de l'estre.
Ainsi de ce repos où vostre ennuy prétend
Ie doy prévoir en Roy quel desordre peut naistre,
Et regarde en quels lieux il vous plaist de porter
Des chagrins qu'en leur temps on peut voir éclater.
Ceux que prend pour éxil, ou choisit pour azile,
 Ce dessein d'une mort tranquille,
Des Perses & des Grecs séparent les Etats;
L'assiette en est heureuse, & l'accès difficile,
Leurs maistres ont du cœur, leurs peuples ont des
 bras:

D

Ils viennent de nous joindre avec une puiſſance,
A beaucoup eſpérer, à craindre beaucoup d'eux,
Et c'eſt mettre en leurs mains une étrange balance
Que de mettre à leur teſte un guerrier ſi fameux.
C'eſt vous qui les donnez l'un & l'autre à la Gréce,
L'un fut amy du Perſe, & l'autre ſon Sujet;
Le ſervice eſt bien grand, mais auſſi je confeſſe
Qu'on peut ne pas bien voir tout le fond du projet.
Voſtre intéreſt s'y meſle en les prenant pour gen-
 dres,
Et ſi par des liens & ſi forts & ſi tendres
Vous pouvez aujourd'huy les attacher à vous,
   Vous vous les donnez plus qu'à nous.
 Si malgré le ſecours, ſi malgré les ſervices,
Qu'un amy doit à l'autre, un Sujet à ſon Roy,
Vous les avez tous deux arrachez à leur foy,
Sans aucun droit ſur eux, ſans aucuns bons offices;
   Avec quelle facilité
N'immoleront-ils point une amitié nouvelle
   A voſtre courage irrité,
Quand vous ferez agir toute l'authorité
De l'amour conjugale & de la paternelle,
Et que l'occaſion aura d'heureux momens
   Qui flatent vos reſſentimens?
   Vous ne nous laiſſez aucun gage,
Voſtre ſang tout entier paſſe avec vous chez eux:
Voyez-donc ce projet comme je l'enviſage,
Et dites ſi pour nous il n'a rien de douteux.
Vous avez juſqu'icy fait paroiſtre un vray zéle,
Vn cœur ſi généreux, une ame ſi fidelle,
Que par toute la Gréce on vous louë à l'envy:
Mais le temps quelquefois inſpire une autre envie;
Comme vous Thémiſtocle avoit fort bien ſervy,
Et dans la Cour de Perſe il a finy ſa vie.

TRAGEDIE.
LYSANDER.

Si c'est avec raison que je suis mécontent,
Si vous-mesme avoüez que j'ay lieu de me plaindre,
Et si jusqu'à ce point on me croit important,
Que mes ressentimens puissent vous estre à craindre;
   Oserois-je vous demander
   Ce que vous a fait Lysander,
Pour leur donner icy chaque jour dequoy naistre,
Seigneur, & s'il est vray qu'vn homme tel que moy
Quand il est mécontent peut desservir son Roy,
   Pourquoy me forcez-vous à l'estre?
Quelque avis que je donne, il n'est point écouté,
Quelque employ que j'embrasse, il m'est soudain ôté,
Me choisir pour appuy c'est courir à sa perte,
Vous changez en tous lieux les ordres que j'ay mis,
Et comme s'il falloit agir à guerre ouverte,
   Vous détruisez tous mes amis.
Ces amis dont pour vous je gagnay les suffrages,
Quand il fallut aux Grecs élire un Général,
Eux qui vous ont soumis les plus nobles courages,
Et fait ce haut pouvoir qui leur est si fatal,
Leur seul amour pour moy les livre à leur ruïne,
Il leur couste l'honneur, l'authorité, le bien:
Cependant plus j'y songe, & plus je m'éxamine,
Moins je trouve, Seigneur, à me reprocher rien.

AGESILAS.

Dites tout, vous avez la mémoire trop bonne
Pour avoir oublié que vous me fistes Roy,
   Lors qu'on balança ma Couronne
   Entre Léotychide & moy.
Peut-estre n'osez-vous me vanter un service
   Qui ne me rendit que justice,
Puisque nos loix vouloient ce qu'il sceut maintenir;
Mais moy qui l'ay receu, je veux m'en souvenir.

Vous m'avez donc fait Roy, vous m'auez de la Gréce
Contre celuy de Perſe étably Général ;
Et quand je ſens dans l'ame une ardeur qui me preſſe
   De ne m'en revancher pas mal,
A peine ſommes-nous arrivez dans Epheſe,
Où de nos Alliez j'ay mis le rendez-vous,
Que ſans conſidérer ſi j'en ſeray jaloux,
   Ou s'il ſe peut que je m'en taiſe,
   Vous vous ſaiſiſſez par vos mains
   De plus que voſtre récompenſe,
Et tirant toute à vous la ſupréme puiſſance
   Vous me laiſſez des titres vains.
On s'empreſſe à vous voir, on s'efforce à vous plaire,
On croit lire en vos yeux ce qu'il faut qu'on eſpére,
On penſe avoir tout fait quand on vous a parlé,
Mon palais près du voſtre eſt un lieu deſolé,
Et le Généralat comme le Diadème
M'érige ſous voſtre ordre en fantoſme éclatant,
En Coloſſe d'Etat qui de vous ſeul attend
   L'ame qu'il n'a pas de luy meſme,
   Et que vous ſeul faites aller
Où pour vos intéreſts il le faut étaler.
Général en idée, & Monarque en peinture,
De ces illuſtres noms pourrois-je faire cas,
S'il les falloit porter, moins comme Ageſilas,
   Que comme voſtre créature,
Et montrer avec pompe au reſte des Humains
En ma propre grandeur l'ouvrage de vos mains ?
  Si vous m'avez fait Roy, Lyſander, je veux l'eſtre;
Soyez-moy bon Sujet, je vous ſeray bon Maiſtre,
Mais ne prétendez plus partager avec moy
   Ny la puiſſance, ny l'employ.
Si vous croyez qu'un ſceptre accable qui le porte,
A moins qu'il prenne une aide à ſoutenir ſon poids,

TRAGEDIE.

Laissez discerner à mon choix
Quelle main à m'aider pourroit estre assez forte.
Vous aurez bonne part à des emplois si doux
   Quand vous pourrez m'en laisser faire,
Mais soyez seur aussi d'un succès tout contraire,
Tant que vous ne voudrez les tenir que de vous.
 Ie passe à vos amis qu'il m'a fallu détruire,
Si dans vostre vray rang je voulois vous réduire,
Et d'un pouvoir surpris sapper les fondemens.
Ils étoient tout à vous, & par reconnoissance
   D'en avoir receu leur puissance,
Ils ne considéroient que vos commandemens.
Vous seul les aviez faits Souverains dans leurs villes,
Et j'y verrois encor mes ordres inutiles,
A moins que d'avoir mis leur tyrannie à bas,
Et changé comme vous la face des Etats.
   Chez tous nos Grecs Asiatiques
Vostre pouvoir naissant trouva des Républiques,
Que sous vostre cabale il vous plût asservir :
La vieille liberté si chére à leurs Ancestres
Y fut par tout forcée à recevoir dix maistres,
Et dès qu'on murmuroit de se la voir ravir,
On voyoit par vostre ordre immoler les plus braves
   A l'Empire de vos esclaves.
I'ay tiré de ce joug les Peuples opprimez,
En leur prémier état j'ay remis toutes choses,
Et la gloire d'agir par de plus justes causes
A produit des effets plus doux, & plus aimez.
I'ay fait à vostre éxemple icy des créatures,
Mais sans verser de sang, sans causer de murmures,
Et comme vos Tyrans prenoient de vous la loy,
Comme ils étoient à vous, les Peuples sont à moy.

D iij

Voila quelles raisons ostent à vos services
    Ce qu'ils vous semblent mériter,
    Et colorent ces injustices
Dont vous avez raison de vous mécontenter.
Si d'abord elles ont quelque chose d'étrange,
Repassez-les deux fois au fond de vostre cœur,
Changez, si vous pouvez, de conduite & d'humeur,
    Mais n'espérez pas que je change.

LYSANDER.

S'il ne m'est pas permis d'espérer rien de tel,
Du moins, graces aux Dieux, je ne voy dans vos
    plaintes
Que des raisons d'Etat, & de jalouses craintes,
Qui me font malheureux, & non-pas criminel.
Non, Seigneur, que je veüille estre assez téméraire
Pour oser d'injustice accuser mes malheurs:
L'action la plus belle a diverses couleurs,
Et lors qu'un Roy prononce, un Sujet doit se taire.
Ie voudrois seulement vous faire souvenir
Que j'ay près de trente ans commandé nos Armées,
Sans avoir amassé que ces nobles fumées
    Qui gardent les noms de finir.
Sparte pour qui j'allois de victoire en victoire
M'a toûjours veu pour fruit n'é vouloir que la gloire,
Et faire en son Epargne entrer tous les tresors
Des Peuples subjuguez par mes heureux efforts. (re,
Vous mesme le sçavez, que quoy qu'on m'ait veu fai-
Mes filles n'ont pour dot que le nom de leur pére;
Tant il est vray, Seigneur, qu'en un si long employ
I'ay tout fait pour l'Etat & n'ay rien fait pour moy.
Dans ce manque de biens Cotys & Spitridate,
L'un Roy, l'autre en pouvoir égal peut-estre aux Rois,
M'ont assez estimé pour y borner leur choix,
Et quand de les pourvoir un doux espoir me flate,

Vous semblez m'envier un bien,
Qui fait ma récompense, & ne vous couste rien.
AGESILAS.
Il nous seroit honteux que des mains étrangéres
Vous payassent pour nous de ce qui vous est deu,
Tost ou tard le mérite a ses justes salaires,
Et son prix croist souvent plus il est attendu.
D'ailleurs n'auroit-on pas quelque lieu de vous dire,
Si je vous permettois d'accepter ces partis,
Qu'amenant avec nous Spitridate & Cotys
Vous auriez fait pour vous plus que pour nostre Empire,
Que vos seuls interests vous auroient fait agir,
Et pourriez-vous enfin l'entendre sans rougir?
 Vos filles sont d'un sang que Sparte aime & révére
Assez pour les payer des services d'un pére,
Ie veux bien en répondre, & moy mesme au besoin
I'en feray mon affaire, & prendray tout le soin.
LYSANDER.
Ie n'attendois, Seigneur, qu'un mot si favorable
Pour finir envers vous mes importunitez,
Et je ne craindray plus qu'aucun malheur m'accable,
 Puisque vous avez ces bontez,
Aglatide sur tout aura l'ame ravie
 De perdre un époux à ce prix,
Et moy, pour me vanger de vos plus durs mépris,
Ie veux tout de nouveau vous consacrer ma vie.

SCENE II.

AGESILAS, XENOCLES.

AGESILAS.

D'Vn peu d'amour que j'eus Aglatide a parlé,
Son pére qui l'a sçeu dans son ame s'en flate,
Et sur ce vain espoir il part tout consolé
Du refus que j'en fais aux vœux de Spitridate.
Tu l'as veu, Xenoclès, tout d'un coup s'adoucir.
XENOCLES.
Ouy, mais enfin, Seigneur, il est temps de le dire,
Tout soumis qu'il paroit, apprenez qu'il conspire,
Et par où sa vangeance espére y reüssir.
    Ce confident choisy, Cléon d'Halicarnasse,
        Dont l'éloquence a tant d'éclat,
Luy vend une harangue à renverser l'Etat,
Et le mettre bien-tost luy-mesme en vostre place.
En voicy la copie, & je la viens d'avoir
D'un des siens sur qui l'or me donne tout pouvoir,
De l'esclave Damis qui sert de Sécrétaire
        A cét Orateur mercénaire,
        Et plus mercénaire que luy
Pour estre mieux payé vous les livre aujourd'huy.
On y soûtient, Seigneur, que nostre République
Va bien-tost voir ses Rois devenir ses tyrans,
A moins que d'en choisir de trois ans en trois ans,
        Et non plus suivant l'ordre antique
        Qui régle ce choix par le sang,
Mais qu'indifféremment elle doit à ce rang

TRAGEDIE.

Elever le mérite, & les rares services.
   J'ignore quels sont les complices,
Mais il pourra d'Ephése écrire à ses amis,
Et soudain le paquet entre vos mains remis
   Vous instruira de toutes choses:
   Cependant j'ay fait mon devoir,
Vous voyez le dessein, vous en sçavez les causes,
Vostre perte en dépend, c'est à vous d'y pourvoir.
   AGESILAS.
A te dire le vray l'affaire m'embarasse,
I'ay peine à démesler ce qu'il faut que je fasse,
Tant la confusion de mes raisonnemens
   Etonne mes ressentimens.
 Lysander m'a servy, j'aurois une ame ingrate,
Si je méconnoissois ce que je tiens de luy;
Il a servy l'Etat, & si son crime éclate,
   Il y trouvera de l'appuy.
   Ie sens que ma reconnoissance
Ne cherche qu'un moyen de le mettre à couvert:
Mais enfin il y va de toute ma puissance,
   Si je ne le perds, il me perd.
Ce que veut l'intérest, la prudence ne l'ose.
Tu peux juger par là du desordre où je suis,
Ie voy qu'il faut le perdre, & plus je m'y dispose,
   Plus je doute si je le puis.
   Sparte est un Etat populaire
Qui ne donne à ses Rois qu'un pouvoir limité,
   On peut y tout dire & tout faire
   Sous ce grand nom de liberté.
Si je suis Souverain en teste d'une Armée,
   Ie n'ay que ma voix au Senat,
Il faut y rendre compte, & tant de Renommée
Y peut avoir déja quelque ligue formée,
   Pour authoriser l'attentat.

Ce prétexte flateur de la cause publique,
Dont il le couvrira si je le mets au jour,
Tournera bien des yeux vers cette Politique
Qui met chacun en droit de régner à son tour.
Cét espoir y pourra toucher plus d'un courage,
Et quand sur Lysander j'auray fait choir l'orage,
Mille autres comme luy jaloux ou mécontens
Se promettront plus d'heur à mieux choisir leur temps.
Ainsi de toutes parts le péril m'environne,
Si je veux le punir, j'expose ma couronne,
Et si je luy fais grace, ou veux dissimuler,
Ie doy craindre...

XENOCLES.
Cotys, Seigneur, veut vous parler.

AGESILAS.
Voyons quelle est sa flame, avant que de résoudre
S'il nous faudra lancer ou retenir la foudre.

SCENE III.
AGESILAS, COTYS, XENOCLES.

AGESILAS.
SI vous n'étes, Seigneur, plus mon amy qu'amant,
Vous me voudrez du mal avec quelque justice,
Mais vous m'étes trop cher pour souffrir aisément
Que vous vous attachiez au pére d'Elpinice.
Non qu'entre un si grand homme & moy
Ce qu'on voit de froideur prépare aucune haine:
Mais c'est assez pour voir cet Hymen avec peine,
Qu'un Sujet déplaise à son Roy.

TRAGEDIE.

D'ailleurs, je n'ay pas creu voſtre ame fort éprife.
Sans l'avoir jamais veuë elle vous fut promife,
Et la foy qui ne tient qu'à la raiſon d'Etat,
Souvent n'eſt qu'un devoir qui geſne, tyrannife,
Et fait ſur tout le cœur un ſecret attentat.

COTYS.

Seigneur, la perſonne eſt aimable,
Ie promis de l'aimer avant que de la voir,
Et ſentis à ſa veuë un accord agréable
    Entre mon cœur & mon devoir.
La froideur toutefois que vous montrez au pére
M'en donne un peu pour elle, & me la rend moins chére :
    Non que j'oſe aprés vos refus
Vous aſſeurer encor que je ne l'aime plus.
Comme avec ma parole il nous falloit la voſtre,
Vous dégagez ma foy, mon devoir, mon honneur ;
Mais ſi vous en voulez dégager tout mon cœur,
    Il faut l'engager à quelque autre.

AGESILAS.

Choiſiſſez, choiſiſſez, & s'il eſt quelque objet
    A Sparte, ou dans toute la Gréce,
Qui puiſſe de ce cœur mériter la tendreſſe,
    Tenez-vous ſeur d'un prompt effet,
En eſt-il qui vous touche ? en eſt-il qui vous plaiſe ?

COTYS.

Il en eſt, ouy, Seigneur, il en eſt dans Epheſe,
Et pour faire en ce cœur naiſtre un nouvel amour,
Il ne faut point aller plus loin que voſtre Cour.
L'éclat & les vertus de l'illuſtre Mandane...

AGESILAS.

Que dites-vous, Seigneur, & quel eſt ce deſir ?
Quand par toute la Gréce on vous donne à choiſir,
    Vous choiſiſſez une Perſane !

Pensez-y bien, de grace, & ne nous forcez pas,
   Nous qui vous aimons, à connoistre
Que pressé d'un amour qui ne vient pas de naistre
Vous ne venez à nous que pour suivre ses pas.
    COTYS.
Mon amour en ces lieux ne cherchoit qu'Elpinice,
Mes yeux ont rencontré Mandane par hazard,
Et quand ce mesme amour de vos froideurs complice
S'est voulu pour vous plaire attacher autre-part,
Les siens ont attiré toute la déférence
Que j'ay creu devoir rendre à vostre aversion,
Et je l'ay regardée après vostre alliance
   Bien moins Persane de naissance,
   Que Grecque par adoption.
    AGESILAS.
Ce sont subtilitez que l'amour vous suggére,
Dont nous voyons pour nous les succès incertains.
Ne pourriez-vous, Seigneur, d'une amitié si chére
Mettre le grand dépost en de plus seures mains ?
Pausanias & moy nous avons des parentes,
Et jamais un vray Roy ne fait un digne choix
   S'il ne s'allie au sang des Rois.
    COTYS.
Quand on aime, on se fait des régles différentes.
Spitridate a du nom & de la qualité,
Sans trosne il a d'un Roy le pouvoir en partage,
Vostre Gréce en reçoit un pareil avantage,
Et le sang n'y met pas tant d'inégalité,
   Que l'amour où sa sœur m'engage,
   Ravale fort ma Dignité.
 Se peut-il qu'en l'aimant ma gloire se hazarde
   Après l'éxemple d'un grand Roy,
Qui tout grand Roy qu'il est, l'estime & la regarde
   Avec les mesmes yeux que moy ?
       Si ce

TRAGEDIE.

Si ce bruit n'est point faux, mon mal est sans reméde,
Car enfin c'est un Roy dont il me faut l'appuy :
    Adieu, Seigneur, je la luy céde,
    Mais je ne la céde qu'à luy.

SCENE IV.
AGESILAS, XENOCLES.

AGESILAS.

D'Où sçait-il, Xenoclès, d'où sçait-il que je l'aime ?
Ie ne l'ay dit qu'à toy, m'aurois-tu découvert ?

XENOCLES.

Si j'ose vous parler, Seigneur, à cœur ouvert,
    Il ne le sçait que de vous-mesme.
L'éclat de ces faveurs, dont vous envelopez
De vostre faux secret le chatouilleux mystére,
Dit si haut malgré vous ce que vous pensez taire,
Que vous étes icy le seul que vous trompez.
De si brillans dehors font un grand jour dans l'ame,
Et quelque illusion qui puisse vous flater,
    Plus ils déguisent vostre flame,
Plus au travers du voile ils la font éclater.

AGESILAS.

Quoy, la civilité, l'accueil, la déférence,
Ce que pour le beau séxe on a de complaisance,
Ce qu'on luy rend d'honneurs, tout passe pour

XENOCLES. (amour !

Il est bien mal-aisé qu'aux yeux de vostre Cour
    Il passe pour indifférence,
Et c'est l'en avoüer assez ouvertement,
Que refuser Mandane aux vœux d'un autre amant.

E

Mais qu'importe, après tout? Si du plus grand cou-
rage
Le vray mérite a droit d'attēdre un plein hommage,
  Seroit-il honteux de l'aimer?
   AGESILAS.
Non, & mesme avec gloire on s'en laisse charmer:
Mais un Roy que son trosne à d'autres soins engage
  Doit n'aimer qu'autant qu'il luy plaist,
Et que de sa grandeur y consent l'intérest.
  Voy donc si ma peine est legére.
Sparte ne permet point aux fils d'une étrangére
  De porter son sceptre en leur main;
Cependant à mes yeux Mandane a sçeu trop plaire,
Ie veux cacher ma flame, & je le veux en vain:
Empescher son Hymen c'est luy faire injustice,
  L'épouser, c'est blesser nos loix,
Et mesme il n'est pas seur que j'emporte son choix;
La donner à Cotys, c'est me faire un supplice,
M'opposer à ses vœux c'est le joindre au party
Que déja contre moy Lysander a pû faire,
Et s'il a le bonheur de ne luy pas déplaire,
I'en recevray peut-estre un honteux démenty.
Que ma confusion, que mon trouble est extrème!
  Ie me défens d'aimer, & j'aime,
Et & je sens tout mon cœur balancé nuit & jour
  Entre l'orgueil du Diadème
  Et les doux espoirs de l'amour.
En qualité de Roy j'ay pour ma gloire à craindre,
En qualité d'amant je voy mon sort à plaindre,
Mon trosne avec mes vœux ne souffre aucun ac-
cord,
Et ce que ie me doy me reproche sans cesse
  Que je ne suis pas assez fort
  Pour triompher de ma foiblesse.

TRAGEDIE.
XENOCLES.
Toutefois il est temps, ou de vous déclarer,
Ou de céder l'objet qui vous fait soûpirer.
AGESILAS.
Le plus seur, Xenocles, n'est pas le plus facile.
Cherche moy Spitridate, & l'améne en ce lieu,
Et nous verrons aprèss'il n'est point de milieu
Entre le charmant & l'utile.

Fin du troisiéme Acte.

ACTE IV.

SCENE PREMIERE.

SPITRIDATE, ELPINICE.

SPITRIDATE.

AGESILAS me mande, il est temps d'é-
  clater,
 Que me permettez-vous, Madame, de
  luy dire?
M'en desavoûrez-vous, si j'ose me vanter
  Que c'est pour vous que je soûpire,
Que je croy mes soûpirs assez bien écoutez
Pour vous fermer le cœur & l'oreille à tous autres,
Et que dans vos regards je voy quelques bontez
  Qui semblent m'asseurer des vostres?

ELPINICE.

Que serviroit, Seigneur, de vous y hazarder?
Suis-je moins que ma sœur fille de Lysander,
Et la raison d'Etat qui rompt vostre Hyménée
Regarde-t'elle plus la jeune que l'aisnée?
S'il n'eust point à Cotys refusé vostre sœur,
J'eusse osé presumer qu'il eust aimé la mienne,
Et m'aurois dit moy-mesme avec quelque douceur,
Il se l'est reservée & veut bien qu'on m'obtienne:

TRAGEDIE.

Mais il aime Mandane, & ce Prince jaloux
De ce que peut icy le grand nom de mon pére,
N'a pour luy qu'une haine obstinée & sévére,
Qui ne luy peut souffrir de gendres tels que vous.

SPITRIDATE.

Puisqu'il aime ma sœur, cet amour est un gage
    Qui me répond de son suffrage,
Ses desirs prendront loy de mes propres desirs,
    Et son feu pour les satisfaire
    N'a pas moins besoin de me plaire,
Que j'en ay de luy voir approuver mes soûpirs.
Madame, on est bien fort quand on parle soy-mesme,
    Et qu'on peut dire au Souverain,
J'aime & je suis aimé, vous aimez comme j'aime,
Achevez mon bonheur, j'ay le vostre en ma main.

ELPINICE.

Vous ne songez qu'à vous, & dans vostre ame éprise
Vos vœux se tiennent seurs d'un prompt & plein effet ;
Mais que fera Cotys à qui je suis promise ?
Me rendra-t'il ma foy, s'il n'est point satisfait ?

SPITRIDATE.

La perte de ma sœur luy servira de guide
A tourner ses desirs du costé d'Aglatide.
D'ailleurs que pourra-t'il, si contre Agésilas
Ce grand homme ny moy nous ne le servons pas ?

ELPINICE.

    Il a parole de mon pére
Que vous n'obtiendrez rien à moins qu'il soit content,
Et mon pére n'est pas un esprit inconstant
Qui donne une parole incertaine & legére.
Ie vous le dis encor, Seigneur, pensez-y bien,
Cotys aura Mandane, ou vous n'obtiendrez rien.

E iij

SPITRIDATE.
Dites, dites un mot, & ma flame en hardie...
ELPINICE.
Que voulez-vous que je vous die ?
Je suis sujette & fille, & j'ay promis ma foy,
Je dépens d'un amant, & d'un pére, & d'un Roy.
SPITRIDATE.
N'importe, ce grand mot produiroit des miracles.
Vn amant avoüé renverse tous obstacles,
Tout luy devient possible, il fléchit les parens,
Triomphe des rivaux, & brave les tyrans.
Dites-donc, m'aimez-vous ?
ELPINICE.
Que ma sœur est heureuse !
SPITRIDATE.
Quand mon amour pour vous la laisse sans amant,
Son destin est-il si charmant,
Que vous en soyez envieuse ?
ELPINICE.
Elle est indifférente & ne s'attache à rien.
SPITRIDATE.
Et vous ?
ELPINICE.
Que n'ay-je un cœur qui soit comme le sien!
SPITRIDATE.
Le vostre est-il moins insensible?
ELPINICE.
S'il ne tenoit qu'à luy que tout vous fust possible,
Le devoir & l'amour...
SPITRIDATE.
Ah, Madame, achevez,
Le devoir & l'amour, que vous feroient-ils faire?
ELPINICE.
Voyez le Roy, voyez Cotys, voyez mon pére,

TRAGEDIE.

Fléchissez, triomphez, bravez,
Seigneur, mais laissez-moy me taire.
SPITRIDATE.
Venez, ma sœur, venez aider mes tristes feux.
A combatre un injuste & rigoureux silence.
ELPINICE.
Hélas, il est si bien de leur intelligence;
Qu'il vous dit plus que je ne veux.
I'en doy rougir, Adieu. Voyez avec Madame
Le moyen le plus propre à servir vostre flame,
Des trois dont je dépens elle peut tout sur deux,
L'un hautement l'adore, & l'autre au fond de l'ame,
Et son destin luy-mesme ainsi que nostre sort
Dépend de les mettre d'accord.

SCENE II.
SPITRIDATE, MANDANE.

SPITRIDATE.
IL est temps de résoudre avec quel artifice
Vous pourrez en venir à bout,
Vous, ma sœur, qui tantost me répondiez de tout,
Si j'avois le cœur d'Elpinice.
Il est à moy ce cœur, son silence le dit,
Son Adieu le fait voir, sa fuite le proteste,
Et si je n'obtiens pas le reste,
Vous manquez de parole, ou du moins de crédit.
MANDANE.
Si le don de ma main vous peut donner la sienne,
Ie vous sacrifiray tout ce que j'ay promis;
Mais vous répondez-vous que ce don vous l'obtiéne,
Et qu'il mette d'accord de si fiers ennemis?

AGESILAS,
Le Roy qui vous refuse à Lysander pour gendre,
Y consentira-t'il si vous m'offrez à luy ?
Et s'il peut à ce prix le permettre aujourd'huy,
   Lysander voudra-t'il se rendre ?
Luy qui ne vous remet vostre prémiére foy,
 Qu'en faveur de l'amour que Cotys fait paroistre,
   Ne vous fait-il pas cette loy,
Que sans le rédre heureux vous ne le sçauriez estre?
SPITRIDATE.
Cotys de cet espoir ose en vain se flater,
L'amour d'Agésilas à son amour s'oppose.
MANDANE.
Et si vous ne pensez à le mieux écouter,
Lysander d'Elpinice en sa faveur dispose.
SPITRIDATE.
  Ne me cachez rien, vous l'aimez.
MANDANE.
  Comme vous aimez Elpinice.
SPITRIDATE.
Mais vous m'avez promis un entier sacrifice.
MANDANE.
Ouy, s'il peut estre utile aux vœux que vous formez.
SPITRIDATE.
Que ne peut point un Roy ?
MANDANE.
    Quels droits n'a point un pére?
SPITRIDATE.
Inéxorable sœur !
MANDANE.
   Impitoyable frére,
Qui voulez que j'éteigne un feu digne de moy,
Et ne sçauriez-vous faire une pareille !oy !
SPITRIDATE.
Hélas, considérez...

TRAGEDIE.

MANDANE.
Confiderez vous-mefme...
SPITRIDATE.
Que j'aime, & que je fuis aimé.
MANDANE.
Que je fuis aimée, & que j'aime.
SPITRIDATE.
N'égalez point au mien un feu mal allumé,
Le fexe vous apprend à régner fur vos ames.
MANDANE.
Dites qu'il nous apprend à renfermer nos flames,
Dites que voftre ardeur à force d'éclater
S'exhale, fe diffipe, ou du moins s'exténuë,
Quand la noftre groffit fous cette retenuë
Dont le joug odieux ne fert qu'à l'irriter.
Ie vous parle, Seigneur, avec une ame ouverte,
Et fi je vous voyois capable de raifon,
Si quand l'amour domine elle étoit de faifon...
SPITRIDATE.
Ah, fi quelque lumiére enfin vous eft offerte,
Expliquez-vous, de grace, & pour le commun bien
Vous ny moy ne négligeons rien.
MANDANE.
Noftre amour à tous deux ne rencontre qu'obftacles
Prefque impoffibles à forcer,
Et fi pour nous le Ciel n'eft prodigue en miracles,
Nous efpérons en vain nous en débaraffer.
Tirons-nous une fois de cette fervitude,
Qui nous fait un deftin fi rude,
Bravons Agéfilas, Cotys, & Lyfander,
Qu'ils s'accordent fans nous s'ils peuvent s'accorder,
Diray-je tout ? ceffons d'aimer & de prétendre,
Et nous cefferons d'en dépendre.

AGESILAS,
SPITRIDATE.

N'aimer plus ! Ah, ma sœur !

MANDANE.

J'en soûpire à mon tour,
Mais un grand cœur doit estre au dessus de l'a-
    mour.
Quel qu'en soit le pouvoir, quelle qu'en soit l'at-
    teinte,
    Deux ou trois soûpirs étouffez,
Vn moment de murmure, une heure de contrainte,
Vn orgueil noble & ferme, & vous en triomphez.
N'avons-nous secoüé le joug de nostre Prince
Que pour choisir des fers dans une autre Province ?
Ne cherchons-nous icy que d'illustres tyrans,
    Dont les chaisnes plus glorieuses
Soûmettent nos destins aux obscurs différens
    De leurs haines mystérieuses ?
Ne cherchons-nous icy que les occasions
De fournir de matiére à leurs divisions,
Et de nous imposer un plus rude esclavage
Par la nécessité d'obtenir leur suffrage ?
Puisque nous y cherchons tous deux la liberté,
Taschons de la gouster, Seigneur, en seureté,
Réduisons nos souhaits à la cause publique,
    N'aimons plus que par Politique,
Et dans la conjoncture où le Ciel nous a mis,
Faisons des protecteurs sans faire d'ennemis.
A quel propos aimer, quand ce n'est que déplaire
    A qui nous peut nuire ou servir ?
S'il nous en faut l'appuy, pourquoy nous le ravir ?
Pourquoy nous attirer sa haine & sa colére ?

SPITRIDATE.

Ouy, ma sœur, & j'en suis d'accord,
Agésilas icy maistre de nostre sort,

TRAGEDIE.

Peut nous abandonner à la Perse irritée,
Et nous laisser rentrer malgré tout nostre effort
Sous la captivité que nous avons quittée.
Cotys ny Lysander ne nous soûtiendront pas,
S'il faut que sa colére à nous perdre s'applique:
Aimez, aimez le donc du moins par Politique,
   Ce redoutable Agésilas.
   MANDANE.
   Voulez-vous que je le prévienne,
  Et qu'en dépit de la pudeur
D'un amour commandé l'obeïssante ardeur
l'asse éclater ma flame auparavant la sienne?
On dit que je luy plais, qu'il soupire en secret,
Qu'il retient, qu'il combat ses desirs à regret,
Et cette vanité qui nous est naturelle
Veut croire ainsi que vous qu'on en juge assez
  bien:
Mais enfin c'est un feu sans aucune étincelle,
J'en croy ce qu'on en dit, & n'en sçais encor rien.
S'il m'aime, un tel silence est la marque certaine
   Qu'il craint Sparte & ses dures loix,
Qu'il voit qu'en m'épousant, s'il peut m'y faire
  Reine,
   Il ne peut luy donner de Rois,
Que sa gloire...
   SPITRIDATE.
   Ma sœur, l'amour vaincra sans doute,
Ce Héros est à vous quelques loix qu'il redoute,
Et si par la priére il ne les peut fléchir,
Ses victoires auront dequoy l'en affranchir.
Ces loix, ces mesmes loix s'imposeront silence
   A l'aspect de tant de vertus,
Où Sparte l'avoûra d'un peu de violence,
Aprés tant d'ennemis à ses pieds abatus.

AGESILAS,
MANDANE.

C'est vous flater beaucoup en faveur d'Elpinice,
Que ce Prince après tout ne vous peut accorder
   Sans une éclatante injustice,
A moins que vous ayez l'aveu de Lysander.
D'ailleurs en éxiger un Hymen qui le gesne,
Et luy faire des loix au milieu de sa Cour,
N'est-ce point hautement luy demander sa haine,
Quand vous luy promettez l'objet de son amour?
SPITRIDATE.
Si vous sçaviez, ma sœur, aimer autant que j'aime...
MANDANE.
Si vous sçaviez, mon frére, aimer comme je fais,
Vous sçauriez ce que c'est que s'immoler soy-mesme,
Et faire violence à de si doux souhaits.
Je vous en parle en vain, allez, frére barbare,
Voir à quoy Lysander se résoudra pour vous,
Et si d'Agésilas la flame se déclare,
   J'en mourray, mais je m'y résous.

SCENE III.

SPITRIDATE, MANDANE, AGLATIDE.

AGLATIDE.

VOus me quittez, Seigneur, mais vous croyez-vous quitte,
Et que ce soit assez que de me rendre à moy?
SPITRIDATE.
Après tant de froideurs pour mon peu de mérite,
Est-ce vous mal servir que reprendre ma foy?
AGLATIDE.

TRAGEDIE.

AGLATIDE.
Non, mais le pouvez-vous à moins que je la rende,
Et si je vous la rends, sçavez-vous à quel prix ?
SPITRIDATE.
Ie ne croy pas pour vous cette perte si grande,
Que vous en souhaitiez d'autre que vos mépris.
AGLATIDE.
Moy, des mépris pour vous !
SPITRIDATE.
C'est ainsi que j'appelle
Vn feu si bien promis & si mal allumé.
AGLATIDE.
Si je ne vous aimois, je vous aurois aimé,
Mon devoir m'en étoit un garand trop fidelle.
SPITRIDATE.
Il ne vous répondoit que d'agir un peu tard,
Et laissoit beaucoup au hazard.
Vostre ordre cependant vers une autre me chasse,
Et vous avez quitté la place à vostre sœur.
AGLATIDE.
Si je vous ay donné dequoy remplir la place,
Ne me devez-vous point dequoy remplir mon cœur ?
SPITRIDATE.
I'en suis au desespoir, mais je n'ay point de frére
Que je puisse à mon tour vous prier d'accepter.
AGLATIDE.
Si vous n'en avez point par qui me satisfaire,
Vous avez une sœur qui vous peut acquiter.
Elle a trop d'un amant, & si sa flame heureuse
Me renvoyoit celuy dont elle ne veut plus,
Ie ne suis point d'humeur fascheuse,
Et m'accommoderois bien-tost de ses refus.

F

AGESILAS,
SPITRIDATE.

De tout mon cœur je l'en conjure,
Envoyez-luy Cotys, ou mesme Agésilas,
Ma sœur, & prenez soin d'appaiser ce murmure
Qui cherche à m'imputer des sentimens ingrats.
Ie vous laisse entre-vous faire ce grand partage,
Et vay chez Lysander voir quel sera le mien.
Madame, vous voyez, je ne puis davantage,
Et qui fait ce qu'il peut n'est plus garand de rien.

SCENE IV.

AGLATIDE, MANDANE.

AGLATIDE.

Vous pourrez-vous résoudre à payer pour ce
    frére?
Madame, & de deux Rois daignant en choisir un,
Me donner en sa place, ou le plus importun,
        Ou le moins digne de vous plaire?

MANDANE.

Hélas!

AGLATIDE.

            Ie n'entens pas des mieux
        Comme il faut qu'un hélas s'explique,
Et lors qu'on se retranche au langage des yeux,
        Ie suis müette à la replique.

MANDANE.

Pourquoy mieux expliquer quel est mon déplaisir?
        Il ne se fait que trop entendre.

AGLATIDE.

Si j'avois comme vous de deux Rois à choisir,
Mes déplaisirs auroient peu de chose à prétendre,

TRAGEDIE.

Parlez donc, & de bonne foy
Acquitez par ce choix Spitridate envers moy.
Ils sont tous deux à vous.
MANDANE.
Ie n'y suis pas moy-mesme.
AGLATIDE.
Qui des deux est l'aimé ?
MANDANE.
Qu'importe lequel j'aime,
Si le plus digne amour, dequoy qu'il soit d'accord,
Ne peut décider de mon sort ?
AGLATIDE.
Ainsi je doy perdre espérance
D'obtenir de vous aucun d'eux ?
MANDANE.
Donnez-moy vostre indifférence
Et je vous les donne tous deux.
AGLATIDE.
C'en seroit un peu trop, leur mérite est si rare
Qu'il en faut estre plus avare.
MANDANE.
Il est grand, mais bien moins que la félicité
De vostre insensibilité.
AGLATIDE.
Ne me prenez point tant pour une ame insensible,
Ie l'ay tendre, & qui souffre aisément de beaux feux ;
Mais je sçay ne vouloir que ce qui m'est possible,
Quand je ne puis ce que je veux.
MANDANE.
Laissez donc faire au Ciel, au temps, à la Fortune,
Ne voulez que ce qu'ils voudront,
Et sans prendre d'attache ou d'idée importune,
Attendez en repos les cœurs qui se rendront.

F ij

AGLATIDE.
Il m'en pourroit coûter mes plus belles années,
Avant qu'ainsi deux Rois en devinssent le prix,
Et j'aime mieux borner mes bonnes Destinées
  Au plus digne de vos mépris.
MANDANE.
Donnez-moy donc, Madame, un cœur comme le
  voſtre,
Et je vous les redonne une seconde fois;
  Ou si c'eſt trop de l'un & l'autre,
Laissez-m'en le rebut, & prenez-en le choix.
AGLATIDE.
Si vous leur ordonniez à tous deux de m'en croire,
Et que l'obeïſſance euſt pour eux quelque appas,
Peut-eſtre que mon choix satisferoit ma gloire,
Et qu'enfin mon rebut ne vous déplairoit pas.
MANDANE.
Qui peut vous aſſeurer de cette obeïſſance?
Les Rois, meſme en amour, ſçavent mal obeïr,
Et les plus enflamez s'efforcent de haïr,
Si-toſt qu'on prend ſur eux un peu trop de puiſſance.
AGLATIDE.
Ie voy bien ce que c'eſt, vous voulez tout garder,
Il eſt honteux de rendre une de vos conqueſtes,
Et quoy qu'au plus heureux le cœur vueille accorder,
L'œil régne avec plaiſir ſur deux ſi grandes teſtes.
Mais craignez que je n'uſe auſſi de tous mes droits,
Peut-eſtre en ay-je encor de garder quelque empire
  Sur l'un & l'autre de ces Rois,
Bien qu'à l'envy pour vous l'un & l'autre ſoûpire:
Et ſi j'en laiſſe faire à mon eſprit jaloux,
Quoy que la jalouſie aſſez peu m'inquiéte,
Ie ne ſçay s'ils pourront l'un ny l'autre pour vous
  Tout ce que voſtre cœur ſouhaite.

TRAGEDIE.

à Cotys.

Seigneur, vous le sçavez, ma sœur a vostre foy,
Et ne vous la rend que pour moy,
Vsez-en comme bon vous semble;
Mais sçachez que je me promets
De ne vous la rendre jamais,
A moins d'un Roy qui vous ressemble.

SCENE V.

COTYS, MANDANE.

MANDANE.

L'Etrange contretemps que prend sa belle humeur !
Et la froide galanterie
D'affecter par bravade à tourner son malheur
En importune raillerie !
Son cœur l'en desavoüe, & murmurant tout bas...

COTYS.

Que cette belle humeur soit véritable, ou feinte,
Tout ce qu'elle en prétend ne m'alarmeroit pas,
Si le pouvoir d'Agésilas
Ne me portoit dans l'ame une plus juste crainte.
Pourrez-vous l'aimer ?

MANDANE.
Non.

COTYS.
Pourrez-vous l'épouser ?

MANDANE.

Vous-mesme, dites-moy, puis-je m'en excuser,
Et quel bras, quel secours appeler à mon aide,
Lors qu'un frére me donne & qu'un amant me céde ?

F iij

COTYS.

N'imputez point à crime une civilité
Qu'icy de Général vouloit l'authorité.

MANDANE.

Souffrez-moy donc, Seigneur, la mesme déférence
Qu'icy de nos destins demande l'asseurance.

COTYS.

Vous céder par dépit, & d'un ton menaçant
Faire voir qu'on pénétre au cœur du plus puissant,
Qu'on sçait de ses refus la plus secrette cause,
Ce n'est pas tant céder l'objet de son amour,
Que presser un rival de paroistre en plein jour,
Et montrer qu'à ses vœux hautement on s'oppose.

MANDANE.

Que sert de s'opposer aux vœux d'un tel rival,
  Qui n'a qu'à nous protéger mal
  Pour nous livrer à nostre perte?
Seroit-il d'un grand cœur de chercher à périr,
  Quand il voit une porte ouverte
A régner avec gloire aux dépens d'un soûpir?

COTYS.

Ah, le change vous plaist.

MANDANE.

    Non, Seigneur, je vous aime,
Mais je dois à mon frére, à ma gloire, à vous-
mesme.
D'un rival si puissant si nous perdons l'appuy,
Pourrons-nous du Persan nous défendre sans luy?
L'espoir d'un renoûment de la vieille alliance
Flate en vain vostre amour, & vos nouveaux des-
  seins;
Si vous ne remettez sa proye entre ses mains,
Oserez-vous y prendre aucune confiance?

TRAGEDIE.

Quant à mon frére & moy, si les Dieux irritez
Nous font jamais rentrer dessous sa tyrannie,
Comme il nous traitera d'esclaves révoltez,
Le supplice l'attend, & moy l'ignominie.
C'est ce que je sçauray prévenir par ma mort,
Mais jusque-là, Seigneur, permettez-moy de vivre,
Et que par un illustre & rigoureux effort
Acceptant les malheurs où mon destin me livre,
Vn sacrifice entier de mes vœux les plus doux
Fasse la seureté de mon frére & de vous.

COTYS.

Cette seureté malheureuse
A qui vous immolez vostre amour & le mien,
Peut-elle estre si précieuse
Qu'il faille l'acheter de mon unique bien ?
Et faut-il que l'amour garde tant de mesure
Avec des intérests qui luy font tant d'injure ?
Laissez, laissez périr ce déplorable Roy,
A qui ces intérests dérobent vostre foy.
Que sert que vous l'aimiez, & que fait vostre flame
Qu'augmēter son ardeur pour croistre ses malheurs,
Si malgré le don de vostre ame
Vostre raison vous livre ailleurs ?
Armez-vous de dédains, rendez, s'il est possible,
Vôtre perte pour luy moins grāde ou moins sensible,
Et par pitié d'un cœur trop ardemment épris
Eteignez-en la flame à force de mépris.

MANDANE.

L'éteindre ! ah, se peut-il que vous m'ayez aimée ?

COTYS.

Iamais si digne flame eu un cœur allumée...

MANDANE.

Non, non, vous m'en feriez des sermens superflus,
Vouloir ne plus aimer c'est déja n'aimer plus,

Et qui peut n'aimer plus, ne fut jamais capable
D'une passion véritable.
COTYS.
L'amour au desespoir peut-il encor charmer ?
MANDANE.
L'amour au desespoir fait gloire encor d'aimer,
Il en fait de souffrir, & souffre avec constance
Voyant l'objet aimé partager la souffrance.
Il regarde ses maux comme un doux souvenir
De l'union des cœurs qui ne sçauroit finir,
Et comme n'aimer plus quand l'espoir abandonne
C'est aimer ses plaisirs & non-pas la personne,
Il fuit cette bassesse, & s'affermit si bien,
Que toute sa douleur ne se reproche rien.
COTYS.
Quel indigne tourment ! quel injuste supplice
Succéde au doux espoir qui m'osoit tout offrir.
MANDANE.
Et moy, Seigneur, & moy, n'ay-je rien à souffrir ?
Ou m'y condamne-t'on avec plus de justice ?
Si vous perdez l'objet de vostre passion
Epousez-vous celuy de vostre aversion ?
Attache-t'on vos jours à d'aussi rudes chaisnes,
Et souffrez-vous enfin la moitié de mes peines ?
Cependant mon amour aura tout son éclat
En dépit du supplice où je suis condamnée,
Et si nostre Tyran par maxime d'Etat
Ne s'interdit mon Hyménée,
Ie veux qu'il ait la joye en recevant ma main
D'entendre que du cœur vous étes Souverain,
Et que les déplaisirs dont ma flame est suivie
Ne cesseront qu'avec ma vie.
Allez, Seigneur, défendre aux vostres de durer,
Ennuyez-vous de soûpirer,

Craignez de trop souffrir, & trouvez-en vous-mesme
L'art de ne plus aimer dés qu'on perd ce qu'on aime;
Ie souffriray pour vous, & ce nouveau malheur
   De tous mes maux le plus funeste,
D'un trait assez perçant armera ma douleur
Pour trancher de mes jours le déplorable reste.
COTYS.
Que dites-vous, Madame, & par quel sentiment.
CLEON.
Spitridate, Seigneur, & Lysander vous prient
De vouloir avec eux conferer un moment.
MANDANE.
Allez, Seigneur, allez, puisqu'ils vous en convient,
Aimez, cédez, souffrez, ou voyez si les Dieux
Voudront vous inspirer quelque chose de mieux.

Fin du quatriéme Acte.

ACTE V.

SCENE PREMIERE.

AGESILAS, XENOCLES.

XENOCLES.

Je remets en vos mains & l'une & l'autre lettre,
Que l'esclave Damis aux miennes vient de mettre.
Vous y verrez, Seigneur, quels sont les attentats....

Il luy donne deux lettres dont il lit l'inscription.

AGESILAS.

Av Senatevr Crates, a l'Ephore Arsidas.
Spitridate & Cotys sont de l'intelligence ?

XENOCLES.

Non, il s'est caché d'eux en cette conférence,
Il a plaint leur malheur, & de tout son pouvoir,
Mais sa prudence enfin tous deux vous les renvoye,
  Sans leur donner aucun espoir
D'obtenir que de vous ce qui feroit leur joye.

AGESILAS.

Par cette déférence il croit les mieux aigrir,
Et rejettant sur moy ce qu'ils ont à souffrir,

TRAGEDIE. 71

XENOCLES.
Vous avez mandé Spitridate,
Il entre icy.

AGESILAS.
Gardons qu'à ses yeux rien n'éclate.

SCENE II.
AGESILAS, SPITRIDATE, XENOCLES.

AGESILAS.

A Glatide, Seigneur, a-t'elle encor vos vœux ?
SPITRIDATE.
Non, Seigneur, mais enfin ils ne vont pas loin d'elle,
Et sa sœur a fait naistre une flame nouuelle
    En la place des prémiers feux.
AGESILAS.
Elpinice ?
SPITRIDATE.
Elle-mesme.
AGESILAS.
        Ainsi toûjours pour gendre
Vous vous donnez à Lysander ?
SPITRIDATE.
Seigneur, contre l'amour peut-on bien se défendre?
A peine attaque-t'il qu'on brusle de se rendre,
Le plus ferme courage est ravy de céder,
Et j'ay trouvé ma foy plus facile à reprendre,
    Que mon cœur à redemander.
AGESILAS.
Si vous considériez...

AGESILAS,
SPITRIDATE.
Seigneur, que considére
Vn cœur d'un vray mérite heureusement charmé?
L'amour n'est plus amour si-tost qu'il délibére,
Et vous le sçauriez trop si vous aviez aimé.
AGESILAS.
Seigneur, j'aimois à Sparte, & j'aime dans Ephése,
L'un & l'autre objet est charmant;
Mais bien que l'un m'ait plû, bien que l'autre me plaise,
Ma raison m'en a sçeu défendre également.
SPITRIDATE.
La mienne suivroit mieux un plus commun éxemple.
Si vous aimez, Seigneur, ne vous refusez rien,
Ou souffrez que je vous contemple
Comme un cœur au dessus du mien.
Des climats differents la nature est diverse,
La Gréce a des vertus qu'on ne voit point en Perse,
Permettez qu'un Persan n'ose vous imiter,
Que sur vostre partage il craigne d'attenter.
Qu'il se contente à moins de gloire,
Et trouve en sa foiblesse un destin assez doux,
Pour ne point envier cette haute victoire
Que vous seul avez droit de remporter sur vous.
AGESILAS.
Mais de mon ennemy rechercher l'alliance!
SPITRIDATE.
De vostre ennemy!
AGESILAS.
Non, Lysander ne l'est pas,
Mais, s'il faut vous le dire, il y court à grands pas.
SPITRIDATE.
C'en est assez, je doy me faire violence,

Et

TRAGEDIE.

Et renonce à plus croire, ou mes yeux, ou mon
   cœur.
Ne m'ordonnez-vous rien sur l'Hymen de ma sœur?
Cotys l'aime.

AGESILAS.
   Il est Roy, je ne suis pas son maistre,
Et Mandane ny vous n'êtes pas mes Sujets.
L'aime-t'elle?

SPITRIDATE.
   Il se peut, luy feray-je connoistre
   Que vous auriez d'autres projets?

AGESILAS.
C'est me connoistre mal, je ne contrains personne.

SPITRIDATE.
Peut-estre qu'elle n'aime encor que sa Couronne,
Et je ne sçay pas bien où pancheroit son choix,
Si le Ciel luy donnoit à choisir de deux Rois.
Vous l'avez jusqu'icy de tant d'honneurs comblée,
   De tant de faveurs accablée,
Qu'à vos ordres ses vœux sans peine assujettis...

AGESILAS.
L'ingrate!

SPITRIDATE.
   Ie répons de sa reconnoissance,
Et qu'elle ne consent à l'espoir de Cotys
Que pour le maintenir dans vostre dépendance.
Pourroit-elle, Seigneur, davantage pour vous?

AGESILAS.
Non, mais qui la pressoit de choisir un époux?

SPITRIDATE.
L'occasion d'un Roy, Seigneur, est bien pressante
Les plus dignes objets ne s'ont pas chaque jour:
   Elle échape à la moindre attente
   Dont on veut éprouver l'amour.

G

A moins que de la prendre au moment qu'elle arrive,
On s'expose aux perils de l'accepter trop tard,
Et l'azile est si beau pour une fugitive,
Qu'elle ne peut sans crime en rien mettre au hazard.

AGESILAS.

Elle eust peu hazardé peut-estre pour attendre.

SPITRIDATE.

Voyoit-elle en ces lieux un plus illustre espoir ?

AGESILAS.

Comme l'amour n'entend que ce qu'il veut entendre,
  Il ne voit que ce qu'il veut voir.
 Si je l'ay jusqu'icy de tant d'honneurs comblée,
  De tant de faveurs accablée,
Ces faveurs, ces honneurs, ne luy disoient-ils rien ?
Elle les entendoit trop bien en dépit d'elle,
  Mais l'ingrate, mais la crüelle...
Seigneur, à vostre tour vous m'entendez trop bien.
Qu'elle aille chez Cotys partager sa Couronne,
Ie n'y mets point d'obstacle, & n'en veux rien sçavoir,
Soit que l'ambition, soit que l'amour la donne,
  Vous avez tous deux tout pouvoir.
Si pourtant vous m'aimiez...

SPITRIDATE.

    Soyez seur de mon zéle,
Ma parole à Cotys est encor à donner;
Mais si cet Hyménée a dequoy vous gesner,
  Mandane, que deviendra-t'elle ?

AGESILAS.

Allez encor un coup, allez en d'autres lieux
Epargner par pitié cette gesne à mes yeux,
Sauvez-moy du chagrin de montrer que je l'aime.

SPITRIDATE.

Elle vient recevoir vos ordres elle-mesme.

SCENE III.

AGESILAS, SPITRIDATE, MANDANE, XENOCLES.

AGESILAS.

O Veuë! ô sur mon cœur regards trop absolus,
Que vous allez troubler mes vœux irrésolus !
Ne partez pas, Madame. O Ciel, j'en vay trop dire.
MANDANE.
Ie conçois mal, Seigneur, dequoy vous me parlez.
Moy partir !
AGESILAS.
Ouy, partez, encor que j'en soûpire.
Que ce mot ne peut-il suffire ?
MANDANE.
Ie conçois encor moins pourquoy vous m'éxilez.
AGESILAS.
I'aime trop à vous voir, & je vous ay trop veuë,
C'est, Madame, ce qui me tuë.
Partez, partez de grace.
MANDANE.
Où me bannissez-vous ?
AGESILAS.
Nommez-vous un éxil le trosne d'un époux ?
MANDANE.
Quel trosne, & quel époux ?
AGESILAS.
Cotys...
MANDANE.
Ie croy qu'il m'aime:

Mais si je vous regarde icy comme mon Roy,
Et comme un protecteur que j'ay choisy moy-
  mesme,
Puis-je sans vostre aveu l'asseurer de ma foy?
Après tant de bontez & de marques d'estime,
A vous moins déférer je croirois faire un crime,
Et mon ame...
        AGESILAS.
          Ah, c'est trop déférer & trop peu.
Quoy, pour cet Hyménée éxiger mon aveu!
        MANDANE.
Iusque-là mon bonheur n'aura qu'incertitude,
Et bien qu'une Couronne éblouïsse aisément...
        SPITRIDATE.
Ma sœur, il faut parler un peu plus clairement.
Le Roy s'est plaint à moy de vostre ingratitude.
        MANDANE.
Et je me plains à luy des inégalitez
Qu'il me force de voir luy-mesme en ses bontez.
    Tout ce que pour un autre a voulu ma priére,
Vous me l'avez, Seigneur, & sur l'heure accordé;
Et pour mes interests ce qu'on a demandé
Préte à de prompts refus une digne matiére.
        AGESILAS.
          Si vous vouliez avoir des yeux
Pour voir de ces refus la véritable cause...
        SPITRIDATE.
N'est-ce pas assez dire, & faut-il autre chose?
Voyez mieux sa pensée, ou répondez-y mieux.
Ces refus obligeants veulent qu'on les entende,
Ils sont de ses faveurs le comble & la plus grande.
Tout Roy qu'est vostre amant, perdez-le sans ennuy,
Lors qu'on vous en destine un plus puissant que luy.
M'en desavoûrez-vous, Seigneur?

AGESILAS.

       Non, Spitridate,
C'est inutilement que ma raison me flate,
Comme vous j'ay mon foible, & j'avouë à mon tour
Qu'un si triste secours défend mal de l'amour.
Ie voy par mon épreuve avec quelle injustice
       Ie vous refusois Elpinice,
Ie cesse de vous faire une si dure loy,
Allez, elle est à vous, si Mandane est à moy.
Ce que pour Lysander je semble avoir de haine
Fera place aux douceurs de cette double chaisne,
       Dont vous serez le nœud commun,
Et cet heureux Hymen accompagné du vostre,
Vous rendant entre nous garand de l'un vers l'autre,
       Réduira nos trois cœurs en un.
Madame, parlez donc.

SPITRIDATE.

       Seigneur, l'obeïssance
S'exprime assez par le silence:
Trouvez bon que je puisse apprendre à Lysander
La grace qu'à ma flame il vous plaist d'accorder.

SCENE IV.
AGESILAS, MANDANE, XENOCLES.

AGESILAS.

EN puis-je pour la mienne espérer une égale,
Madame, ou ne sera-ce en effet qu'obeïr ?
MANDANE.
Seigneur, je croirois vous trahir,
Et n'avoir pas pour vous une ame assez Royale,
Si je vous cachois rien des justes sentimens
Que m'inspire le Ciel pour deux Rois mes Amants.
J'ay veu que vous m'aimiez, & sans autre interpréte
J'en ay creu vos faveurs qui m'ont si peu coûté,
J'en ay creu vos bontez, & l'assidüité
Qu'apporte à me chercher vostre ardeur inquiéte.
Ma gloire y vouloit consentir,
Mais ma reconnoissance a pris soin de la vostre:
Vos feux la hazardoient, & pour les amortir
J'ay réduit mes desirs à pancher vers un autre.
Pour m'épouser, vous le pouvez,
Ie ne sçaurois former de vœux plus élevez,
Mais avant que juger ma conqueste assez haute,
De l'œil dont il faut voir ce que vous vous devez
Voyez ce qu'elle donne, ou plûtost ce qu'elle oste.
Vostre Sparte si haut porte sa Royauté
Que tout sang étranger la souille & la prophane;
Ialouse de ce trosne où vous étes monté,
Y faire seoir une Persane,
C'est pour elle une étrange & dure nouveauté,

TRAGEDIE.

Et tout voſtre pouvoir ne peut m'y donner place,
Que vous n'y renonciez pour toute voſtre race.
Vos Ephores peut-eſtre oſeront encor plus,
Et ſi voſtre Sénat avec eux ſe ſouléve,
Si de me voir leur Reine indignez & confus.
Ils m'arrachent d'un troſne où voſtre choix m'éléve,
Penſez bien à la ſuite avant que d'achever,
Et ſi ce ſont périls que vous deviez braver.
Vous les voyez ſi bien, que j'ay mauvaiſe grace
      De vous en faire ſouvenir,
Mais mon zéle a voulu cette indiſcréte audace,
Et moy, je n'ay pas creu devoir la retenir.
Que la ſuite après tout vous flate, ou vous traverſe,
Ma gloire eſt ſans pareille aux yeux de l'Vnivers,
S'il voit qu'une Perſane au vainqueur de la Perſe
Donne à ſon tour des loix & l'arreſte en ſes fers.
Comme voſtre intéreſt m'eſt plus conſidérable,
Ie taſche de vous rendre à des deſtins meilleurs :
Mon amour peut vous perdre, & je m'attache ail-
  leurs.
      Pour eſtre pour vous moins aimable.
Voila ce que devoit un cœur reconnoiſſant.
      Quant au reste, parlez en maiſtre,
      Vous étes icy tout puiſſant.

AGESILAS.

Quand peut-on eſtre ingrat, ſi c'eſt là reconnoiſtre,
Et que puis-je ſur vous ſi le cœur n'y conſent?

MANDANE.

Seigneur, il eſt donné, la main n'eſt pas donnée,
Et l'inclination ne fait pas l'Hymenée.
Au défaut de ce cœur je vous offre une foy
Sincére, inviolable, & digne enfin de moy.
Voyez ſi ce partage aura pour vous des charmes;
Contre l'amour d'un Roy c'eſt aſſez raiſonner.

AGESILAS,

J'aime, & vay toutefois attendre sans alarmes
   Ce qu'il luy plaira m'ordonner.
Ie fais un sacrifice assez noble, assez ample,
   S'il en veut un en ce grand jour ;
Et s'il peut se résoudre à vaincre son amour,
I'en donne à son grand cœur un assez haut éxemple.
Qu'il écoute sa gloire, ou suive son desir,
   Qu'il se fasse grace, ou justice,
Ie me tiens preste à tout, & luy laisse à choisir,
   De l'éxemple, ou du sacrifice.

SCENE V.

AGESILAS, XENOCLES.

AGESILAS.

QV'une Persane m'ose offrir un si grand choix!
Parmy nous qui traitons la Perse de Barbare,
   Et méprisons jusqu'à ses Rois,
Est-il plus haut mérite ? est-il vertu plus rare ?
Cependant mon destin à ce point est amer,
Que plus elle mérite, & moins je doy l'aimer,
Et que plus ses vertus sont dignes de l'hommage
Que rend toute mon ame à cet illustre objet,
Plus je la doy fermer à tout autre projet,
Qu'à celuy d'égaler sa grandeur de courage.

XENOCLES.

Du moins, vous rêdre heureux ce n'est plus hazarder,
Puisqu'un si digne amour fait grace à Lysander,
   Il n'a plus lieu de se contraindre :
Vous devenez par là maistre de tout l'Etat,
Et ce grand homme à vous, vous n'avez plus à crain-
   Ny d'Ephores, ny de Sénat.   (dre,

TRAGEDIE.

AGESILAS.
Ie n'en suis pas encor d'accord avec moy-mesme.
I'aime, mais après tout je hais autant que j'aime,
Et ces deux passions qui régnent tour à tour
Ont au fond de mon cœur si peu d'intelligence,
Qu'à peine immole-t'il la vangeance à l'amour,
Qu'il voudroit immoler l'amour à la vangeance.
Entre ce digne objet & ce digne ennemy
     Mon ame incertaine & flotante,
Quoy que l'un me promette, & quoy que l'autre aterente,
Ne se peut, ny dompter, ny croire qu'à demy;
Et plus des deux costez je la sens balancée,
Plus je voy clairement que si je veux régner,
Moy qui de Lysander voy toute la pensée,
Il le faut tout-à-fait, ou perdre, ou regagner,
Qu'il est temps de choisir.

XENOCLES.
               Qu'il seroit magnanime,
De vaincre & la vangeance & l'amour à la fois !

AGESILAS.
Il faudroit, Xenoclés, une ame plus sublime.

XENOCLES.
Il ne faut que vouloir; tout est possible aux Rois.

AGESILAS.
Ah, si je pouvois tout dans l'ardeur qui me presse
Pour ces deux passions qui partagent mes vœux,
     Peut estre aurois-je la foiblesse
     D'obeïr à toutes les deux.

SCENE VI.

AGESILAS, LYSANDER, XENOCLES.

LYSANDER.

SEigneur, il vous a plû disposer d'Elpinice,
Nous devons elle & moy beaucoup à vos bontez,
Et je seray ravy qu'elle vous obeïsse,
Pourveu que de Cotys les vœux soient acceptez.
J'en ay donné parole, il y va de ma gloire,
Spitridate sans luy ne sçauroit estre heureux,
Et donner mon aveu, s'ils ne le sont tous deux,
C'est faire à mon honneur une tache trop noire.
  Vous pouvez nous parler en Roy,
  Ma fille vous doit plus qu'à moy,
Commandez, elle est preste, & je sçauray me taire :
  N'exigez rien de plus d'un pére.
Il a tenu toûjours vos ordres à bonheur,
  Mais rendez-luy cette justice,
De souffrir qu'il emporte au tombeau cet honneur,
Qui fait l'unique prix de trente ans de service.

AGESILAS.

Ouy, vous l'y porterez, & du moins de ma part
Ce précieux honneur ne court aucun hazard.
On a vostre parole, & j'ay donné la mienne,
Et pour faire aujourd'huy que l'une & l'autre tienne,
Il faut vaincre un amour qui m'étoit aussi doux
  Que vostre gloire l'est pour vous,
Vn amour dont l'espoir ne voyoit plus d'obstacle :
Mais enfin il est beau de triompher de soy,
  Et de s'accorder ce miracle,
Quand on peut hautement donner à tous la loy,

TRAGEDIE.

Et que le juste soin de combler nostre gloire
Demande nostre cœur pour derniére victoire.
Vn Roy né pour l'éclat des grandes actions
   Dompte jusqu'à ses passions,
Et ne se croit point Roy, s'il ne fait sur luy-mesme
Le plus illustre essay de son pouvoir suprème.
   à Xenoclés.
Allez dire à Cotys que Mandane est à luy,
Que si mes feux aux siens ne l'ont pas accordée,
Pour vanger son amour de ce moment d'ennuy,
Ie veux la luy céder comme il me l'a cédée.
Oyez de plus.
 Il parle à l'oreille à Xénoclés qui s'en va.

SCENE VII.

AGESILAS, LYSANDER.

AGESILAS.

Et bien, vos mécontentements
  Me seront-ils encor à craindre ?
Et vous souviendrez-vous des mauvais traitements,
Qui vous avoient doné tât de lieu de vous plaindre ?

LYSANDER.

Ie vous ay dit, Seigneur, que j'étois tout à vous,
Et j'y suis dautant plus, que malgré l'apparence
Ie trouve des bontez qui passent l'espérance
Où je n'avois creu voir que des soupçons jaloux.

AGESILAS.

Et que va devenir cette docte harangue,
Qui du fameux Cléon doit ennoblir la langue ?

LYSANDER.
Seigneur...
AGESILAS.
Nous sommes seuls, j'ay chassé Xénoclés,
Parlons confidemment. Que venez-vous d'écrire
A l'Ephore Arsidas, au Sénateur Cratés?
Ie vous défére assez pour n'en vouloir rien lire,
Tout est encor fermé, voyez.
LYSANDER.
Ie suis coupable,
Parce qu'on me trahit, que l'on vous sert trop bien,
Et que par un effort de prudence admirable
Vous avez sçeu prévoir dequoy seroit capable
Après tant de mépris un cœur comme le mien.
Ce dessein toutefois ne passera pour crime
Que parce qu'il est sans effet,
Et ce qu'on va nommer forfait
N'a rien qu'un plein succès n'eust rendu légitime.
Tout devient glorieux pour qui peut l'obtenir,
Et qui le manque, est à punir.
AGESILAS.
Non, non, j'aurois plus fait peut-estre en vostre place.
Il est naturel aux grands cœurs
De sentir vivement de pareilles rigueurs,
Et vous m'offenseriez de douter de ma grace.
Comme Roy je la donne, & comme amy discret
Ie vous asseure du secret.
Ie remets en vos mains tout ce qui vous peut nuire,
Vous m'avez trop servy pour m'en trouver ingrat,
Et d'un trop grand soûtien je priverois l'Etat
Pour des ressentimens où j'ay sçeu vous réduire.
Ma puissance établie & mes droits conservez
Ne me laissent point d'yeux pour voir vostre entre-
Dites-moy seulement avec mesme franchise, (prise,
Vous doy-je encor bien plus que vous ne me devez?
LYSANDER.

TRAGEDIE.

LYSANDER.

Avez-vous pû, Seigneur, me devoir quelque chose?
Qui sert le mieux son Roy ne fait que son devoir;
En vous de tout l'Etat j'ay défendu la cause,
Quand je l'ay fait tomber dessous vostre pouvoir.
Le zéle est tout de feu quand ce grand devoir presse,
Et comme à le moins suivre on s'en acquite mal,
Le mien vous servit moins qu'il ne servit la Gréce,
Quand j'en sçeus ménager les cœurs avec adresse
    Pour vous en faire Géneral.
Ie vous doy cependant & la vie & ma gloire,
    Et lors qu'un dessein malheureux
Peut me couter le jour, & souiller ma mémoire,
La magnanimité de ce cœur généreux...

AGESILAS.

Reprochez-moy plûtost toutes mes injustices,
Que de plus ravaler de si rares services,
Elles ont fait le crime, & j'en tire ce bien,
Que j'ay pû m'acquiter, & ne vous doy plus rien.
    A present que la gratitude
Ne peut passer pour debte en qui s'est acquité,
Vos services payez d'un traitement si rude
Vont recevoir de moy ce qu'ils ont merité.
S'ils ont sçeu conserver un trosne en ma famille,
I'y veux par mon Hymen faire seoir vostre fille,
C'est ainsi qu'avec vous je puis le partager.

LYSANDER.

Seigneur, à ces bontez que je n'osois attendre
Que puis-je...

AGESILAS.

    Iugez-en comme il en faut juger,
    Et sur tout commencez d'apprendre,
Que les Rois sont jaloux du souverain pouvoir,
Qu'ils aiment qu'on leur doive, & ne peuvēt devoir,

Que rien à leurs Sujets n'acquiert l'indépendance,
Qu'ils réglent à leur choix l'employ des plus grands
 cœurs,
Qu'ils ont pour qui les sert des graces, des faveurs,
Et qu'on n'a jamais droit sur leur reconnoissance.
 Prenons doresnavant vous & moy pour objet
Les devoirs qu'il faudra l'un à l'autre nous rendre,
  N'oubliez plus ceux d'un Sujet,
 Et j'auray soin de ceux d'un gendre.

SCENE VIII.

AGESILAS, LYSANDER,
AGLATIDE, conduite par
XENOCLES.

AGLATIDE.

Sur un ordre, Seigneur, receu de vostre part
  Ie viens étonnée & surprise,
De voir que tout d'un coup un Roy m'en favorise,
Qui me daignoit à peine honorer d'un regard.

AGESILAS.

Sortez d'étonnement. Les temps changent, Madame,
Et l'on n'a pas toûjours mesmes yeux, ny mesme ame.
Pourriez-vous de ma main accepter un époux?

AGLATIDE.

Si mon pére y consent mon devoir me l'ordonne,
Ce me sera trop d'heur de le tenir de vous :
Mais avant que sçavoir quelle en est la personne,
Pourrois-je vous parler avec la liberté
Que me souffroit à Sparte un feu trop écouté,

Alors qu'il vous plaisoit, ou m'aimer, ou me dire
Qu'en vostre cœur mes yeux s'étoiét fait un empire?
Non que j'y pense encor, j'apprens de vous, Seigneur,
Qu'on change avec le temps d'ame, d'yeux, & de cœur.

AGESILAS.

Rappelez ces beaux jours pour me parler sans feindre,
Mais si vous le pouvez, Madame, épargnez-moy.

AGLATIDE.

Ce seroit sans raison que j'oserois m'en plaindre,
L'amour doit estre libre & vous étes mon Roy.
Mais puisque jusqu'à vous vous m'avez fait prétendre,
N'obligez point, Seigneur, cet espoir à descendre,
Et ne me faites point de loix
Qui profanent l'honneur de vostre prémier choix.
I'y trouvois pour moy tant de gloire,
I'en cheris à tel point la flateuse mémoire,
Que je regarderois comme un indigne époux
Quiconque m'offriroit un moindre rang que vous.
Si cet orgueil a quelque crime,
Il n'en faut accuser que vostre trop d'estime.
Ce sont des sentimens que je ne puis trahir:
Après cela parlez, c'est à moy d'obeïr.

AGESILAS.

Ie parleray, Madame, avec mesme franchise.
I'aime à voir cet orgueil que mon choix authorise
A dédaigner les vœux de tout autre qu'un Roy,
I'aime cette hauteur en un jeune courage,
Et vous n'aurez point lieu de vous plaindre de moy,
Si vostre heureux destin dépend de mon suffrage.

H ij

SCENE DERNIERE.

AGESILAS, LYSANDER, COTYS, SPITRIDATE, MANDANE, ELPINICE, AGLATIDE, XENOCLES.

COTYS.

SEigneur, à vos bontez nous venons consacrer
Et Mandane & moy nostre vie.

SPITRIDATE.

De pareilles faveurs, Seigneur, nous font rentrer
Pour vous faire voir mesme envie.

AGESILAS.

Ie vous ay fait justice à tous,
Et je croy que ce jour vous doit estre assez doux
Qui de tous vos souhaits à vostre gré décide;
Mais pour le rendre encor plus doux & plus charmant,
Sçachez que Sparte voit sa Reine en Aglatide,
A qui le Ciel en moy rend son prémier amant.

AGLATIDE.

C'est me faire, Seigneur, des surprises nouvelles.

AGESILAS.

Rendons nos cœurs, Madame, à des flames si belles,
Et tous ensemble allons préparer ce beau jour
Qui par un triple Hymen couronnera l'amour.

FIN.

Extrait du Privilege du Roy.

PAR grace & Privilege du Roy en datte du vingt-quatriéme Mars 1666. Signé, Par le Roy en son Conseil, DE MALON. Il est permis au Sieur P. CORNEILLE, de faire imprimer une Piéce de Théatre de sa composition, intitulée *Agésilas*, pendant sept années. Et deffences sont faites à tous autres de l'imprimer, vendre ny debiter sans le consentement dudit Sieur Corneille, à peine de deux mil livres d'amende, de tous dépens, dommages & intérests, suivant qu'il est porté par lesdites Lettres.

Imprimée à ROVEN aux dépens dudit Sieur Corneille.

Et ledit sieur Corneille a cédé son Privilége à Thomas Iolly, Guillaume de Luyne, & Loüis Billaine, suivant l'accord fait entr'eux.

Regiſtré ſur le Livre de la Communauté des Libraires.
Signé, PIGET, Syndic.

Les Exemplaires ont eſté fournis.

Acheuée d'imprimer le 3. iour d'Avril 1666. par L. MAVRRY.

www.ingramcontent.com/pod-product-compliance
Lightning Source LLC
LaVergne TN
LVHW052105090426
835512LV00035B/986